Василий Таранников

Русский дикарь в Индии

Василий Таранников

Русский дикарь в Индии
Заметки путешествующего по Индии

Bloggingbooks

Impressum / Выходные данные

Bibliografische Information der Deutschen Nationalbibliothek: Die Deutsche Nationalbibliothek verzeichnet diese Publikation in der Deutschen Nationalbibliografie; detaillierte bibliografische Daten sind im Internet über http://dnb.d-nb.de abrufbar.

Alle in diesem Buch genannten Marken und Produktnamen unterliegen warenzeichen-, marken- oder patentrechtlichem Schutz bzw. sind Warenzeichen oder eingetragene Warenzeichen der jeweiligen Inhaber. Die Wiedergabe von Marken, Produktnamen, Gebrauchsnamen, Handelsnamen, Warenbezeichnungen u.s.w. in diesem Werk berechtigt auch ohne besondere Kennzeichnung nicht zu der Annahme, dass solche Namen im Sinne der Warenzeichen- und Markenschutzgesetzgebung als frei zu betrachten wären und daher von jedermann benutzt werden dürften.

Библиографическая информация, изданная Немецкой Национальной Библиотекой. Немецкая Национальная Библиотека включает данную публикацию в Немецкий Книжный Каталог; с подробными библиографическими данными можно ознакомиться в Интернете по адресу http://dnb.d-nb.de.

Любые названия марок и брендов, упомянутые в этой книге, принадлежат торговой марке, бренду или запатентованы и являются брендами соответствующих правообладателей. Использование названий брендов, названий товаров, торговых марок, описаний товаров, общих имён, и т.д. даже без точного упоминания в этой работе не является основанием того, что данные названия можно считать незарегистрированными под каким-либо брендом и не защищены законом о брендах и их можно использовать всем без ограничений.

Coverbild / Изображение на обложке предоставлено: www.ingimage.com

Verlag / Издатель:
Bloggingbooks
ist ein Imprint der / является торговой маркой
OmniScriptum GmbH & Co. KG
Heinrich-Böcking-Str. 6-8, 66121 Saarbrücken, Deutschland / Германия
Email / электронная почта: info@bloggingbooks.de

Herstellung: siehe letzte Seite /
Напечатано: см. последнюю страницу
ISBN: 978-3-8417-7147-6

Copyright / АВТОРСКОЕ ПРАВО © 2013 OmniScriptum GmbH & Co. KG
Alle Rechte vorbehalten. / Все права защищены. Saarbrücken 2013

Посвящение

Говорят, что каждое большое путешествие начинается с одного маленького шага. Работа человека в том, чтобы решиться на этот шаг, отправляясь в путь. Эта книга, которая перед вами - часть того большого пути, который я когда-то решился начать. Посвящаю эту книгу всем тем, без кого она никогда не появилась бы на свет. Моим родителям, особенно отцу. Он нашел в себе силы поддержать меня в моем духовном выборе. Также - моим друзьям из разных стран. И, конечно же, всем тем людям, которых я повстречал в своей жизни. Все они в той или иной степени причастны к творению, которое представлено теперь вашему вниманию. Эта книга написана по мотивам материалов моего персонального блога http://tarananda.ru/ который, конечно же, посвящен целиком и полностью моим поездкам в Индию, наблюдениям об этой стране и мыслям по этой теме.

Отдельно я хочу поблагодарить своего духовного наставника Гуруджи Вагиша Шастри (Бхагиратхи Прасад Трипатхи), открывшего передо мной необозримо широкие пространства тантры. Этот человек наполнил мою жизнь особым смыслом. Также я очень благодарен моему проводнику по имени Рудракш-баба.

Человек есть нечто, что необходимо превзойти.

Фридрих Ницше

Дорогой читатель!

Перед тобой - история русского человека, который большую часть своей жизни посвятил духовным поискам. Чья вина в том, что не найдя у себя на родине в России ответы на свои вопросы, он отправился в Индию? Кто знает. Теперь уже это неважно. Но факт остается фактом, однажды Индия помогла мне раскрыть в моей жизни самые неожиданные стороны. Возможно, только благодаря этому я ещё дышу и в моей жизни есть тот смысл, что двигает меня вперед. То, что начиналось как легкое увлечение и каприз, приобрело новые, достаточно серьезные формы. Вы можете спросить меня, почему книга называется "Русский дикарь в Индии"? Все очень просто. Я никогда не покупаю готовые туры, когда отправляюсь в Индию в очередной раз. Так было с самого начала, и я никогда не знаю заранее, когда я прилечу в Индии и где остановлюсь. Всегда путешествуя "дикарем", я совершенно свободен в своем выборе.

Дорогой мой читатель, прошу тебя не забывать ни на секунду, что книга, которую ты видишь перед собой, никоим образом не призывает тебя менять что-то в себе или в своей жизни. Это лишь просто заметки заблудившегося в себе русского человека о далекой стране, в которую тебе совершенно не обязательно отправляться. Те люди, которых ты повстречаешь на страницах повествования, живут и по сей день, поэтому не пугайся и не удивляйся, увидев их в теленовостях или на страницах газет. Очень прошу тебя не делать необдуманных поступков и не принимать спонтанных эмоциональных решений, как это немало делал я. Лично я целиком и полностью считаю, что у тебя, дорогой читатель, могут быть свои собственные боги, взгляды на жизнь и влюбленности.

Но если вдруг случиться чудо и что-то в этой книге поможет вам разобраться в себе или ответить на какие-то скрытые внутренние вопросы, я буду только рад. Однако хочу сразу же заявить, что я не ставлю перед собой такой цели. Да пребудут с тобой боги в этом и других мирах, дорогой читатель.

Искренне твой, автор.

Пролог.

От чего бежит русский. Водка и КГБ. Танцы с медведями

Прежде чем начать свое повествование о том, как много я узнал о себе самом в Индии, позвольте мне рассказать немного о своей настоящей родине. Возможно, так вам будет понятнее связь причин и следствий в этом непростом сюжете. Так уж получилось, что я русский. Весь мир знает о том, что в России пьют много водки. Но по какой причине русские люди употребляют такие огромные количества алкоголя - остается секретом для большинства стран планеты.

Почему-то, будь то африканец или американец, или житель Европы, кого ни спроси, каждый скажет, что все русские выпивают слишком уж много. Они смотрят на нас с удивлением и испугом. Но спроси любого из них, по какой причине русский человек так много пьет? Европеец широко улыбнется и ответит: "Да потому что вы такими рождены, вы такие и есть! Вам, в снегах среди медведей и КГБ иначе нельзя. Надо обязательно выпить". Но это неправда. Мы рождены все до единого чистыми и невинными душами, не знающими алкоголя и наркотиков, КГБ и долгих зимних ночей среди кремлевских звезд и медведей с балалайками. Интересно, но никто не знает ответ на этот вопрос, откуда в России столько водки. Даже русские порой этого не знают. Это тайна, это секрет каждого русского человека. И я готов вам открыть этот секрет. Да, это правда, с рождения и самого детства мы видим перед своими глазами, как взрослые и умные люди пьют. Это люди, которых мы любим и уважаем, на кого равняемся. Пьют по любому поводу, на похоронах и на свадьбах, провожая в армию и заливая горе. Но самое главное вот в чем - русский начинает пить тогда, когда ему не во что верить. Словно бы сомневаясь, что он ещё на самом деле жив, освобождая в своей душе тайные механизмы, помогая боли в душе утихнуть.

В наших душах от рождения как будто бы заложены ответы на все совершенно вопросы. Мы рождаемся в России, смотрим вокруг - и словно бы впадаем в какой-то мистический транс. Мы словно бы все до единого грустим от того, как мы живем и чем мы заняты. И от этого пьем ещё сильнее. Я видел такое за свою жизнь сотни тысяч раз. И я хочу, чтобы вы поняли, что алкоголь, который с виду является нашим союзником - наш враг и самая распространенная причина многих смертей. Спасая русского человека от сумасшествия, от бесконечных стрессов и депрессий, алкоголь с каждым днем приближает нас к могиле. И тот, кто не успевает это понять - гибнет. Но чем можно заменить алкоголь? Я знаю ответ. Его можно заменить верой. Когда ты веришь во что-то, то ты по-настоящему свободен. Вот та страшная правда, которую мало кто знает во всем мире. Русский человек пьет потому, что мир вокруг него несовершенен. Наше чувство гармонии и стремление к счастью сыграло с нами злую шутку.

Большая часть жизни пьяных и пьющих в России проходит либо в опьянении, либо во сне, либо в поисках лучшей жизни. Но чаще бывает все вместе. И все это, как правило, означает, что человек находится в стороне от духовного пути, и не нашел самого себя. Он на пути к гибели, и его спасение в его же собственных руках. Русский человек зачастую должен бежать в тех обстоятельствах, когда он сам себе наносит вред. Будь то безудержное пьянство, увлечение наркотиками либо нечто другое, не менее отвратительное - он бежит и спасается, если находит в себе силы. И часто это другая страна. Вот почему, когда моя душа начала задыхаться от тесноты обычных дней, и когда я начал замечать за собой частые приемы алкоголя - я понял, что мне пора в дорогу.

В путь! Эти слова очень много значат для романтической души и холодного рассудка, которыми я всегда обладал. Моя карьера для меня не менее важна, как и мое здоровье. И я всегда уделял внимание и тому, и другому. А лучший способ ощутить полноту жизни и новые ощущения - это всегда путешествие. При этом практически неважно то, куда ты едешь, важно то, отчего ты бежишь. У меня же была самая главная причина, самая веская на свете. Мне было тесно, плохо и я хотел убежать от своего нелепого будущего в другое будущее, где мне есть во что верить.

Настало время познакомиться? Меня зовут Василий Таранников, я живу и работаю в Москве, занимаясь системными проектами в области автоматизации технологических процессов. Моя жизнь связана с химией также прочно, как я был при рождении связан с матерью пуповиной. Ещё я музыкант, который за свою жизнь дал по России в составе самых различных музыкальных групп несколько сот(или тысяч?) концертов. Но самое главное - моё духовное имя теперь - Тарананданатха, моя душа чувствует себя свободной, и мне больше не надо заливать себя алкоголем для того, чтобы почувствовать себя живым. И когда у меня будет очередной отпуск в моей работе - я уже знаю, куда я отправлюсь в первую очередь. Туда, где неторопливо несет свои воды Ганга мимо старых дворцов махараджей. В мою Индию.

1. О сексе в Индии.

Секс в Индии. Тантра и табу. Нить любви. Последствия запретов.

К сексу в Индии отношение по сей день то же, что к священной корове. Это такая практически полностью табуированная тема, которую очень сильно не любят освещать ни в прессе, ни в кинематографе. Хотя уже поползновения есть в этой сфере, но их можно списать на влияние западной культуры (кстати, достаточно слабое) и западных же ценностей. А если смотреть на эту тему вообще и на взаимоотношения полов со стороны, то складывается ощущение у постороннего наблюдателя, что в Индии секса нет вовсе. Между тем, мы видим бегающих по улицам детей, почти миллиард человек населения, следовательно, все-таки секс в Индии есть, да?

Сказать "секс" по отношению к Индии будет, наверное, неправильно. Это слово изначально американское (sex). В Индии уместно будет сказать "отношения мужчины и женщины". Вообще отношения мужчины и женщины, особенно среди браминского сословия, среди традиционных каких-то семей, ортодоксальных, играют очень серьезную и важную роль. Потому что с очень древних времен эти отношения являются святыней, ритуальным действом, полным глубокого смысла. Посему я не видел даже в глубинке какой-то откровенной демонстрации любви мужчины и женщины у всех на виду, как это, к примеру, принято в Америке или России. Вы не увидите в Индии поцелуи в общественных местах, или тем более, какие-то более откровенные проявления любви и ласки. Максимум, что возможно в затабуированных наглухо проявлениях - это неспешная прогулка по улице с держанием за руки.

Тема секса как такового для Индии до сих пор является табу во многих своих проявлениях. Этому способствует множество, как и совершенно откровенно мифологических вещей, так и древних кастовых традиций. Любовь и секс здесь происходят за закрытыми дверями, жители Индии не склонны выносить на люди то, что происходит у них внутри семей и кланов.

Женщина Индии до вступления в брак должна хранить целомудрие, не смотря на то, что в большинстве ортодоксальных индийских семей браки совершаются по расчету. Брак при этом не просто обряд, он полон глубокого трепетного смысла для большинства людей Индии, это таинство, это очень важный этап на жизненном пути и женщины, и мужчины. Браки в Индии, как и в старину, зачастую при этом происходят по принципу "варны", то есть определяющим фактором при выборе спутника жизни является каста, к которой он или она принадлежат. При этом браки между мужчинами-индусами и женщинами-неиндусами вполне возможны и находят понимание у местного населения. А браки с обратным знаком - когда мужчина другой национальности берет в жены коренную хинду, практически всегда означают отрыв от корней, семьи и клана для последней. В большинстве таких случаев женщине приходится уезжать с насиженных мест на родину мужа. Хотя последние годы глобализация дает знать и в Индии, и строгость неписаных правил уступает новшествам, тема запрещенных браков выходит за рамки табу.

В Индии, девушка, встречаясь с парнем, не всегда готова вступать в какую-то конкретную сексуальную связь. Правила на этот счет достаточно строги. При этом страсти могут кипеть нешуточные, и сдавленная нераскрытая сексуальность внутри такой пары зачастую выходит в довольно причудливых формах. В этом видна отчетливая разница между европейскими отношениями парня и девушки и отношениями этого же периода в Индии. Секс как таковой для молодых людей до брака, по сути, запрещен, находясь под зорким наблюдением общественного мнения и многолетних табу. Сексуальная раскрепощенность Америки и Европы с улыбкой посмотрела бы на то, что творится в индийских городах. Если в Европе девушка может сменить несколько(или даже несколько десятков) сексуальных партнеров и замуж выйти не девственницей, ничуть не боясь никакого осуждения и при этом быть еще успешной женщиной в плане карьеры и жизни вообще... То в Индии такая закрепощенность зачастую выливается в ранние глупые браки, которые быстро распадаются, кипучая энергия секса переливается, заставляя человека реализовываться в других сферах его жизни. Есть последствия и более ужасные. К примеру, ошалевшие от сексуальных запретов и табу молодые половозрелые здоровые мужчины вдруг ни с того ни с сего набрасываются на хорошую девушку и насилуют её целой группой несколько раз подряд. Потом их, разумеется, ловят, и они попадают в тюрьму. Все мы слышали про этот трагичный случай изнасилования насчастной девушки Джоти Сингх. Это классический пример влияния внутренних табу индусов на их поведение. Порой их собственные табу сексуального плана разрушают их же жизни. Здоровая сексуальность молодых мужчин ищет банальной разрядки, и не находя её, превращается в чудовищные преступления. Ну и конечно же, одно из следствий такой сексуальной культуры в Индии - огромное количество детей, которые хотя и от женатых родителей, но зачастую банально не обеспечены и вместе со своими родителями находятся (большее их число) за гранью бедности. У их родителей (если только они не из обеспеченных семей) как правило, ничего нет на момент брака, кроме пылких чувств.

Сдавленная нереализованная сексуальность в индийских городах может выливаться не только в формах, перечисленных выше. У ограниченных рамками табу молодых людей хинду не считается зазорным обнять или поцеловать своего друга, идти с ним за руку по улице и т.д. Этот феномен своего рода странной раскрепощенности сами хинду объясняют дружеским отношением и близостью между друзьями. Но по факту ограниченные в женской любви и ласке молодые люди Индии вполне очевидно выплескивают свою сексуальность там, где ее природой просто не запланировано. Такие вещи сразу же заметны человеку с европейским воспитанием, хотя для хинду они вполне обычны и привычны. Сдавленная сексуальность Индии совершенно не понятна Америке и Европе, в которых давно уже рекой течет порно, где молодые люди могут заниматься сексом с достаточно юного возраста, если это по обоюдному согласию, и они достигли совершеннолетия.

В Индии, безусловно, есть секс. Но спрятанный от посторонних глаз, запрещенный и пахнущий тайной и страхом. Древние боги взирают с осуждением и злобой на молодых парня и девушку, бредущих по берегу Ганги. Им нельзя то и нельзя это, каждый их шаг в порыве страсти может разрушить девушке жизнь, а парню - карьеру. Хинду стараются походить на европейцев, они начали снимать такие же комедии, придумали свой Голливуд и свой шоу-бизнес. Но налет табу на сексе так и не выветрился за сотни лет, и в последние годы, казалось, стал еще сильнее. Даже в достаточно откровенных молодежных книгах и фильмах присутствует какая-то стыдливая зажатость. Американка в мини-юбке, русская девушка - в джинсах, а девушка хинду, бредущая в институт поутру, часто как и раньше одета в сари, закутана с ног до головы.

В этом аспекте очень интересен феномен проституции в Индии. Хинду очень зажаты в плане секса на бытовом уровне, но было бы неправильно думать, что в Индии нет проституток. Естественно, в Индии есть женщины и девушки, торгующие любовью за деньги. Они были всегда. Но обратите внимание, кто они. Это девушки, обреченные на бедность с детства, у таких не было выхода с самого начала. Много среди них женщин-эмигранток со стран Востока, граничащих с Индией. Но и здесь заметна эта табуированность. Никто вам открыто не скажет, что вот эта женщина - проститутка, и она сама тем более. И очень остро заметна отчужденность и закрытость жизни таких женщин. Это совершенно отдельная каста людей, у которых разве что клейма на лбу не хватает. В Индии процветают массажные салоны (с названием Sweet Lounge, к примеру), в которых, разумеется, можно получить продолжение массажа в угодных вам формах, хватило бы денег. Но и здесь заметно табу на секс - все шепотом, все по большому секрету. В Индии нет смысла становиться проституткой, потому что для красивой и хорошей девушки практически всегда найдется такой же сознательный и хороший муж.

Было бы глупо говорить о сексе в Индии и не затронуть такой важный аспект, как Кама-сутру. Казалось бы, уж в чем-чем, а в сексе создатели знаменитого трактата должны знать толк. Европейцы полагают до сих пор, что Кама сутра была написана как пособие по позам и непосредственно для секса. По факту же это учение, таинство и обряд, полный сакрального смысла. Вы не сможете сказать, что вы мастер Кама-сутры, пролистав её несколько раз и посмеявшись изощренности поз.

Обратите внимание, что этот трактат написан изначально для ЖЕНАТОЙ пары. Это помощь для мужа и жены, которые ЛЮБЯТ друг друга и ХОТЯТ ЗАВЕСТИ ДЕТЕЙ. Все, что написано в Кама-сутре - написано для супругов, а не для усталых от изощренного секса и излишеств европейцев. В Кама-сутре речи нет ни о какой контрацепции, это пособие для тех, кто хочет иметь детей и получить при этом особую сакральную духовную близость, которая здесь очень тесно соприкасается с модным сейчас учением "тантры". Это секс не только на физическом уровне, это секс в том числе ментальный, близость на уровне энергетик и вибраций, это магия близости двух любящих сердец. Поэтому в этом месте Кама-сутра безнадежно роняет в пропасть ада Европу и Америку, уставших от ранних абортов и сексуальной пресыщенности. Кама-сутра охраняет мужа от измены жены, а жену - от неудовлетворенности. Все сексуальные табу Индии совершенно намертво сковываются тем, что супруги получают после законного брака. Это то, чего они так долго ждали, это то, чего у них не было все годы юности и несчастных влюбленностей. Искусство Камасутры это своеобразный замок на цепях табу, которыми скован каждый хинду. И в том числе благодаря супружескому сексу и держится вся эта система ритуалов и запретов.

Для тех же хинду, что выбрали путь тантры, с сексом и вовсе нет никаких проблем. Хотя было бы неправильно сказать, что тантра это секс в чистом физиологическом виде, **это вообще не секс**. Тантра это совокупность техник для духовного пробуждения человека. Словосочетание "тантрический секс" всегда означает половую близость, наполненную особым смыслом и чувством, связанный с особым удовольствием, это мистическое искусство, овладев которым, человек узнает себя заново. И он невозможен без настоящей любви и никакой обычный секс не приведет вас на путь "тантры".

В тантре секс присутствует только в определенных ритуалах и только для достижения совершенно определенных целей, было бы неправильно думать, что вся тантра замешана на сексе и только на нем держится. Секс в данном аспекте - только один из инструментов богослужения и ритуала. И, как правило, культы, которые практикуют ритуальные соития, очень прочно скрыты от глаз не то, что европейцев, но и ортодоксальных индусов. Такие школы, как "каула", используют в своих ритуалах соитие. Но только в рамках ритуала и без цели доставить удовольствие участникам действа.

Так что, как ни странно, секс в Индии - по-прежнему тема очень закрытая.

2. Мой дорогой Бенарес!

Камни Варанаси. Дыхание вечности. Лингам Шивы. Вибрация во мне.

Варанаси неспроста считается одним из древнейших городов на планете. Я бы вообще не удивился, узнав, что он - самый старый в мире. Это город, который древнее египетских пирамид и древнегреческих строений, чего там говорить, древнее строений северо- и южно- американских индейцев. Более того, уникальность эта подчеркивается тем фактом, что в этом древнем городе продолжают проживать люди. Много ли вы знаете городов, которые сохранились так хорошо и так медленно перестраивались, сохранив первозданные формы? Они жили там тысячу лет назад, стирали одежду, ели, спали и ходили по улицам, и продолжают жить, стирать, ходить. И точно также ходят на Гангу по утрам сейчас их прапрапраправнуки, молятся в храмах в наши дни. Варанаси - это город, в котором время застывает в каком-то потоке вибраций. Останавливаясь на улице между древними домами и закрыв глаза, можно ощутить эту вибрацию всем телом, она будто бы идет откуда-то из центра земли.

Варанаси интересен тем, что его неоднократно разрушали и неоднократно возводили снова после различных войн. Поскольку индусы уже около 10 000 лет не ведут никаких захватнических войн (все стычки ограничивались какими-то междуусобными боями между местными правителями и князьями), получается так, что в основном нападали на них. Каждый новый правитель, который приходил в Варанаси, стремился разрушить всё, что было до него и построить что-то новое. Именно поэтому каждый махарадж, который пришел в

Варанаси, отметился тем, что построил свой собственный дворец, чтобы остаться в истории города и страны в целом. На данный момент практически все эти здания вы можете увидеть и осмотреть. Большинство из них не раз и не два уже подвергались реставрации, но от этого не потеряли в своей величественности и красоте. Удивителен и прекрасен в своем величии древний Каши.

Как и многие другие города мира, Варанаси (Бенарес, Каши) в свое время очень сильно пострадал от арабских набегов. Было разрушено очень много красивых храмов, восстановленных уже не в той прекрасной изначальной форме, в какой в них поклонялись хинду древности. Именно по этой причине можно говорить о том, что каждый камень в Варанаси имеет свою глубокую историю. Поднимите с обочины камень - и он может оказаться обломком древнего храма или святилища. Никто вам этого уже не сможет сказать, камень ли это индуистского храма, или обломок разрушенной хинду мечети мусульман. А может этим самым камнем добивали раненного воина во время войны.

Про камни Варанаси можно сказать еще другую вещь. Под землей в Варанаси находится немало вещей, о которых не имеют ни малейшего представления те, кто ходит по поверхности. Это настоящий подземный и таинственный Варанаси, тот город, который первозданен. Тот город, который может намного больше рассказать историкам и археологам. Под землей находится много интересного, что вам никогда не покажет ни один гид. Это затопленные подземелья и храмы, которые практически невозможно восстановить и откопать. Те искатели, которые пытались проникнуть в эти тайные лабиринты старого города в поисках сокровищ или информации о прошлом, сталкивались с одной и той же проблемой - вода всё прибывает, и чем глубже копаешь, тем быстрее область раскопок заполняется водой. По сути раскопки сводятся к нырянию с аквалангом. Именно поэтому говорят, что настоящий Варанаси находится очень глубоко под землей. Земля здесь наложила слой за слоем настоящее, глубоко укрыв в себе прошлое. Насколько мне известно, Варанаси около восьми тысяч лет. Конечно, неправдой будет сказать, что все здания в этом городе такого возраста, во всяком случае, не на поверхности. Очень много мифических вещей в этом городе связано с подземными озерами, с колодцами, которые ведут неожиданно в какие-то тайные затопленные подвалы, а через них - в пещеры, а то и в храмы. Как знать, сколько золотых статуй и драгоценных камней сейчас лежат в воде уже не то, что века, а целые тысячелетия?

Варанаси считается городом Шивы. В этом городе, по преданиям, Шива оставил следы от своих ног на земле. А одно из подземных озер, по слухам, образовалось от того, что супруга Шивы - Парвати, обронила свою серьгу в этом месте. Но вы должны знать о том, что не следует разделять Шиву и Парвати, которая по священным писаниям является энергией своего супруга. Будет ли правильно сказать, что Шива и Сати суть одно целое? Много бессонных ночей я провел, размышляя над этим. Вся доктрина знаний тантры построена на таком ключевом моменте, как энергия, циркулирующая между женским и мужским началом. Эту энергию стереотипично можно назвать - вибрация. Соответственно, вот эту вибрацию можно почувствовать от древних построек. Это моё личное мнение, и никому не буду его навязывать. Не могу обещать всем будущим посетителям Варанаси, что они почувствуют что-то подобное или увидят для себя что-то необычное в этом городе, но для меня Варанаси - таков, каким я описал.

Сам по себе город обладает какой-то невероятной вязкостью. Кажется, что здесь вибрирует всё вокруг - стены домов, земля под ногами, река и даже сами люди. Когда я попытался описать это своё ощущение одному хинду, он заметил, что это идёт из-под земли. Наверное, поэтому, если встать в Варанаси слишком поздно, после 7-8 утра, то настроение будет не очень на высоте. Вы можете ощутить что-то неприятное или даже быть весь день без причины подавленным. А если встать, наоборот, до восхода солнца - то весь день будет очень насыщенным и ярким.

3. Мистерия Шива-лингама.

Тайна Шивы. Единые и раздельные. Мурти для всех. Смысл абхишеки.

Не буду здесь обсуждать переводы слова "лингам", это можно отнести вовсе в отдельную тему. Версий на эту тему масса и здесь не хватит места для споров и уточнений. О лингамах написано много достаточно интересной литературы. Единственное, что можно сказать точно - понятие "лингам" неразрывно связано с именем бога Шивы, поэтому я бы настоял на формулировке "Шива-лингам". Потому что ни в каком другом течении индуизма, будь то смартизм, какие-то брахманические традиции, шактистские - лингаму как таковому не поклоняются. Только лишь представители шиваистских веток имеют свое трепетное отношение к этому понятию, к этой категории. Именно по этой причине уместно говорить не "лингам", а "Шива-лингам". За свою жизнь я видел немало версий сочетаний лингама и йони. Мой вам совет, если хотите увидеть и понять смысл Шива-лингама, то приезжайте в Варанаси. Именно здесь, независимо от того, в какой части города вы находитесь, вы сможете увидеть великое множество лингамов.

Что касается шиваитской Индии, то культ лингама играет первостепенную неразрывную роль. Первоначальные изображения лингама в виде конуса, в виде продолговатого камня, означали мужское начало и покоился он на особом пьедестале, который называется "йони". Йони, в свою очередь, символизирует начало женское. Надо заметить, что сам лингам практически никогда не изображался отдельно от йони, символизируя мистическое единство мужского и женского во вселенной и в природе. По всей Индии, где бы вы ни были, вы увидите множество рисунков, изображающих лингам, скульптуры, и даже целые населенные пункты, которые всю жизнь поклоняются именно лингаму. Это шиваитские общины, которые избрали лингам в качестве "мурти" - то есть, изображения-символа божества. Примером мурти в православной традиции является икона, алтарь и аналой. Грубо говоря, мурти нужны не очень сообразительным и не очень умным людям, чтобы осознать и понять, кому и чему именно они молятся. Для браминов и людей, духовно просвещенных, мурти наполнены другим, особым смыслом, который для большинства обычных людей, читающих мантры, непостижим. Предмет в этом смысле для человека просвещенного представляет собой больше принцип, явление, состояние и концепцию. Но, тем не менее, некоторые индусы полагают, а я не буду с ними спорить, что Шива обитает в каждом лингаме, созданном в его честь. С точки зрения одного из высших смыслов проявлений Шивы это так и есть.

Итак, что же такое лингам на самом деле? Ваш покорный слуга, посетив Индию, сделал соответствующие выводы, побеседовав с хинду различных традиций, для себя уяснил одну вещь. Лингам можно сравнить с неким энергетическим столбом, столпом света, направленным снизу вверх. Не исключено, что на неких уровнях нашей с вами реальности, недоступных для наших с вами глаз лингам именно так и выглядит. Вероятно, это очень красиво в какой-нибудь астральной версии бытия. В темноте бьет из ниоткуда в никуда красивый столб света. Соответственно, источник этого света - йони, на котором покоится лингам. Йони таким образом демонстрирует свою порождающую из пустоты природу, а лингам - оплодотворяющую эту пустоту мужскую силу и энергию. Такова возможно тайна Шивы, всегда остающегося в единении со своей женой Парвати. В шиваитских традициях поклонение мурти лингама может быть вида моления лингаму ("лингаяты" - очень терпимые, добрые и спокойные люди). В этом случае Шиве поклоняются именно в виде лингама. Либо это может быть поклонение лингаму, как сопутствующему Шиве атрибуту, с которым он неразрывно связан. По сути можно говорить, что когда вы видите изображение Шивы, а рядом с ним - лингам, то это значит, что вы видите не одного Шиву, а двух. В этом аспекте можно видеть, что лингам в таком случае - тоже Шива, но в его абстрактной форме, трансцендентальной.

Шива-лингам может быть изготовлен практически из любого материала, будь то камень, глина, мел, песчаник, мрамор, металл. Лингаяты носят небольшие лингамы у себя на шее, на тесьме. Проводя параллель с православной церковью, можно сказать, что у христиан место лингама занимает крест. Можно с уверенностью сказать, что лингам - это некое абстрактное изображение бога Шивы. В городе Варанаси вы встретите массу признаков того, что это не только город Шивы, но и город лингама. Вы сможете там встретить изображение либо сами лингамы самых различных форм в самых неожиданных местах, где меньше всего будете ожидать их увидеть. На одной из фотографий, где я нахожусь в келье у одного духовного человека, видно, что у него в келье огромное количество Шива-лингамов. В темноте и с непривычки их можно спутать со свежевыкрашенными пасхальными яйцами.

При ритуалах поклонения лингаму обязательно используется процесс омовения его водой, молоком, вином и прочими жертвенными жидкостями. Жидкость в этом случае стекает по лингаму в йони, совершая сакральный цикл, раскрывающий смысл и сущность лингама для посвященных. Для хинду это ответственная и очень серьезная процедура, называется она "абхишека". Это особый обряд поклонения богу Шиве, представленном в виде лингама, линга-пуджа.

4. Тайные правители Индии - агори.

Власть агори. Сожжение мертвых. Я медитирую. Близость смерти.

Человек, гуляющий по городу Индии, расположенном на одном из берегов Ганги, может увидеть больше интересных вещей, чем в других местах, где реки нет. Для хинду Ганга нечто большее, чем просто река, уже много столетий. Это живое существо, можете мне поверить. К ней круглые сутки стекаются различные люди и целые группы людей, чтобы помолиться, помыться или постирать одежду. Жить на берегу Ганги было всегда очень престижно и удобно. Вода в данном случае - это источник одной из самых насущных потребностей.

Среди живущих на берегу Ганга людей часто попадаются и просто обычные бродяги, и люди-паломники, и туристы, и родственники усопших, если это шмашан на берегу для погребения усопших. Но часто можно встретить очень странных людей. Например, практически голых хинду, перемазанных пеплом с ног до головы, с всклокоченными волосами, увешанных множеством амулетов. Именно так обычно выглядят представители "агори", что в переводе с санскрита означает "бесстрашный". В наши дни агори становится все меньше, как и информации о них. Но это очень интересное сообщество людей. Агори - вне каст. И они столь же интересны, сколь и страшна в своих атрибутах, ритуалах и обыденной жизни.

Агори это одно из наиболее интересных религиозных течений в Индии, и до сих пор оно имеет немалое влияние на множество сфер и точек зрения в эзотерической среде этой страны. Агори - это человек, полностью отошедший от обычных бытовых проблем, одиночка, но не монах. У агори есть несколько уникальных атрибутов. Если это их обычных день, то на них практически нет одежды, кроме набедренной повязки (а порой и её нет). Все их тело покрывает ровный слой пепла, который ещё кроме ритуальной функции защищает их от грязи, от паразитов и насекомых. На берегу Ганга по вечерам масса комаров, москитов и прочих кусачих летающих мошек, и агори ночь спокойно спит, утром смывает с себя пепел, мажется по новой, и так и ходит весь следующий день. Пепел в данном случае не просто защита, но и символ. Пепел - это очень глубокий символ, на некоторых изображениях даже богов изображают покрытыми слоем пепла в знак бренности всего существующего и живущего. Кроме этого пепел это сложная сама по себе структура чистейшего вещества, которое очищено огнем. Так что не советую вам думать, что это просто защита от комаров. Практически голые агори, вымазанные пеплом, изначально выглядят жутковато для цивилизованных людей, плюс ко всему одним из их атрибутов является наличие в их предметах быта человеческих костей, черепов. Они едят из чаши, сделанной из человеческого черепа. Сутками напролет они могут находиться на местах погребения. Кроме того, исключительным правом агори является право на поедание трупов. Агори может вытащить из костра обгоревшую ногу индуса, которого принесли сжечь, и запросто может начать её есть.

Влияние касты агори настолько сильно по сей день, что в большинстве случаев родственники усопшего примут как должное поедание частей мертвого родственника. Эти монахи бросают вызов страху смерти своей жизнью, для них смерть это нечто обыденное, просто одна из форм существования. Нередко агори постоянно живут на местах погребения, где хинду жгут своих мертвых. После того, как огонь прогорает, агори достают из пепла человеческие кости, мастерят из них блюда, чаши для питья, оружие. Они достают из погребальных костров ювелирные украшения, и переплавляют их. В моей душе что-то перевернулось, когда я понял смысл всех действий этих странных монахов. В один из дней я сел на одном из шмашанов Ганги, где в этот момент происходила процедура сожжения покойника, и закрыл глаза. Чувство, что весь мир вокруг меня это нечто зыбкое, ненадежное и скоротечное, охватило меня. Это была одна из самых глубоких медитаций, которую я когда-либо совершал в своей жизни. Я понял в этот день очень глубоко, что такое смерть на самом деле.

При этом не следует думать, что для них мертвецы для агори это что-то презренное. Если человек прожил жизнь добродетельно и совершал хорошие поступки, то для самого агори большая честь использовать его череп как чашу для питья. Это религиозное учение отличается некоторой экстремальностью, агори спят на земле, на них минимум одежды, они питаются только тем, что им подадут в виде милостыни или подарка. Они практически ни с кем не общаются, повторяют священные мантры и молитвы сутки напролет, пьют воду только из Ганги. Они практически асоциализированы как личности, полностью отказавшись от обычных путей рядового индуса. Агори это своего рода некий прототип черного монашества, хотя это сравнение не совсем уместно, как его знают в России. Это постоянные самоограничения в проявлении эмоций, это самоотречение в пользу божества, это принципиально другая точка зрения на мир. Быть агори очень тяжело. Мало того, что сами по себе агори постоянно живут в экстремальных условиях, стать агори достаточно непросто. Необходимо искать себе наставника, потом проходить ряд испытаний, которые можно и не пройти. Более того, некоторые из этих испытаний могут привести к болезни или гибели того, кто хочет получить статус настоящего агори.

В Древней Индии агори были очень могущественны, они имели очень большое влияние на большинство сфер жизни всех хинду. Ходят даже слухи о том, что именно агори правили Индией много лет, распространяя свое влияние на заплывших от роскоши махараджей. Эти смиренные хранители, отказавшиеся от всего в жизни ради бога, не участвовали сами в обыденных делах царей и обычных людей, но с ними советовались очень могущественные люди, и часто принимали важные решения исходя из того, как на это смотрят агори. Близость этих людей к местам погребения, их неофициальный статус хранителей смерти среди живых, их постоянная аскетически выстроенная жизнь среди молитв внушает для хинду уважение и трепет до сих пор. Мертвецы, кровь, смертельно опасные жестокие боги, призраки, места погребения - все это пугает само по себе. А для агори это просто быт, то, к чему они привыкли десятилетиями такой жизни. И они сами не заметили, как стали частью этой ужасной, внушающей трепет и страх картины. Они так и остались вне каст как таковых.

Агори настолько беспечны в плане обычных человеческих потребностей, что могут просто употреблять в пищу сжигаемых на погребальных кострах мертвецов, или просто отказаться от милостыни, которую им подали. Они не делают из денег, пищи и одежды цель. Агори может покормить пробегающую мимо него бродячую собаку, а может убить ее и съесть. И все это будет сделано в соответствии с его религиозными взглядами. Агори это своего рода стражи на границе между жизнью и смертью, они очень часто находятся на шмашанах в городах Индии, и медитируют там сутками. Никому из обычных хинду в голову не придет прогнать агори со шмашана, более того, ему будут оказывать знаки внимания и почитания.

Так что если вы вдруг неожиданно на берегу Ганги встретите человека, на котором из одежды будет только набедренная повязка, и он будет весь белым от пепла, если в его руке будет чаша из человеческого черепа - то знайте, это агори. И лучше вам не знать, что он в этот момент ест из своей чашки.

5. Нью-Дели: взгляд со стороны.

Навязчивый хэш-сервис. Я тороплюсь. Рабство покорности. Namaste!

Что касается столицы Индии, то когда я в нее попал, было утро. Я сошел с трапа самолета, еще не понимая, в чем дело. Было ощущение, что я попал на другую планету. Другой воздух, другие люди. Было ощущение предчувствия чего-то необычного. За моей спиной был туман и хмурые лица русской таможни. Вечер я пробегал в поисках подходящего отеля, а наутро, выйдя прогуляться, я был потрясен. Практически все органы моего восприятия - глаза, уши, обоняние, осязание - были шокированы. Вокруг меня толкались, кричали, смеялись, дули в трубы духового оркестра, сигналили машины, мычали коровы. Среди хинду, наверное, считается обычным делом похлопать по плечу незнакомого человека, приобнять его, начать разговор. И до самого вечера я ходил и глазел, с трудом привыкая к новым ощущениям. Так было тогда, когда я ничего ещё не знал про эту страну. Индия казалась чем-то шумным, сумбурным и по-детски непосредственным.

Нью-Дели мне не очень понравился, с точки зрения обычного туриста. Город очень шумный, очень гостеприимный, но иногда эта гостеприимность просто утомляет. Белому человеку в этом городе придется очень нелегко, особенно если он не знает хотя бы английского и совершенно один. Улицы полны бродяг, паломников, продавцов "хэша" (почему-то по глубокому убеждению хинду все белые туристы обязательно должны купить местные наркотики). Этот "хэш", местную версию везде известного гашиша, мне предлагали за день раз сто, и язык просто устал говорить: "No, thanks". Между прочим, я вам не рекомендую покупать этот самый хэш. В большинстве случаев предлагая вам купить или покурить это, продавцы надеются обокрасть вас, когда вы будете под эффектом дурмана.

Здесь плечи побаливают от дружеских шлепков местных, и я, уже устав от непрерывного общения, просто на все вопросы отвечал: "Russia" и шел дальше, кивнув или помахав рукой. Любой из этих разговоров мог кончиться часа через два или три. Можете мне поверить. Достаточно в этом случае просто откликнуться или ответить на второй по счету вопрос, и ты застрял на полтора часа. А я – очень тороплюсь. Мне надо осмотреть очень много мест, встретиться со своими старыми друзьями и слишком много сделать.

В городе полно красивых дорогих зданий, почему-то соседствующих с грязнейшими трущобами. Казалось бы, почему не сделать квартал для бедных и квартал для богатых отдельно? Я здесь в полной мере понял, что такое контрасты. Вот, к примеру, коровы у них священны, хорошо помыты практически всегда и украшены даже гирляндами цветов и рисунками. Но хозяин выпускает эту чудо корову утром на улицу, и она спокойно копается в мусорном баке. Как это можно понять? Даже не знаю, какое у нее после этого может быть молоко, после съеденного ей мусора.

Здесь я всегда начинаю думать о понятии кармы. Насколько оно глубоко сидит в каждом индусе. И в Нью-Дели очень хорошо это видно. Народ религиозный, здесь все завязано на религии, несмотря на то, что американская культура начинает докатываться и сюда. Человек, владеющий магазином, называет его "Дхарма", человек открывающий кафе на центральной улице называет его "Шива кафе". И его не смущает, что он сотый по счету человек, назвавший свое кафе таким образом. Природное почтение к традициям на клеточном уровне ДНК, вот что это. Корова на центральной магистрали спокойно ложится поперек дороги в момент часа пик, и все стоят, ругаются, орут, сигналят, но никому не придет в голову взять корову за рога и пнуть, чтобы прогнать, очень редко прогоняют. Все ждут, пока она встанет, или ищут хозяина, чтобы принадлежащее ему священное животное забрал. Однажды на вокзал в Нью-Дели ворвался бешеный бык. Он успел перекалечить и убить многих людей из толпы, пока местные полицейские аккуратно, не причиняя вреда животному, скрутили его. Контрасты и религия, добро пожаловать в Нью-Дели!

Очень интересно соотношение ценности денег и товаров с точки зрения нашей, если разобраться. Что такое рупия? Одна? Практически ничего, но в правительстве Индии непрерывно твердят о том, что на эти деньги можно неплохо поесть. Не знаю, мне чтобы поесть надо было не менее тридцати рупий.

Что-то есть в глазах у хинду, какая-то покорность, но это не просто рабская покорность. Это доверие к своей судьбе и вера в то, что все будет хорошо. Редкий хинду будет сидеть в кабаке и грустно напиваться, кляня судьбу и свое невезение. Вот почему мне так понравилось в Индии. В каких бы ни были тяжелых обстоятельствах люди здесь, как бы тяжело они ни жили, они молча трудятся и молятся, не отдавая себя на растерзание наркотикам и алкоголю. Четко следуя своему предназначению, идут по своему пути, какой бы он ни был.

Современная Индии это вообще что-то особенное, потому что новые технологии и новаторские решения в сочетании с уважением к традициям предков и религиозным учениям дали очень интересный результат. На улице Нью-Дели часто можно увидеть солдат, вооруженных довольно современно, и при этом этот солдат будет проверять документы у какого-нибудь "садду", разукрашенного краской и кровью, на котором из одежды только дхоти, и то в лучшем случае будет проверять. А то и просто пройдет мимо. Индия всегда принимала в себя что-то новое из других стран очень мягко и спокойно, забирала и встраивала в свою культуру так органично, что просто удивительно. Я очень надеюсь, что все те европейские и американские штучки, которые сейчас хлынули в Индию, будут и далее также органично вливаться в сознание и культуру этой страны.

6. Храм не для всех.

Здравствуй, Вишванатх. Нет Брамы без Вишну. Двенадцать лингамов.

Варанаси - индийский город, который с древних времен укрывает в себе тысячи паломников со всех стран и со всех краев Индии. Я здесь не первый, и не последний человек, который проникся его атмосферностью и духом. Город стоит на берегах Ганги, в нем множество памятников древности, статуй, дворцов, каждый из которых по сути своей настоящий шедевр. Мне лично кажется, что Варанаси не только самый старый город Индии, но и город наиболее духовный. Именно поэтому я поехал именно сюда. Моя душа, истосковавшись и соскучившись, радостно пела здесь, как поет молодая девушка, набирая воду в Ганге рано утром. Такое количество паломников и верующих, какое каждый день вмещают в себя эти улицы, еще поискать. В Варанаси множество символов веры, в том числе храмов. Самый известный - Kashi Vishwanath, так его название звучит на английском. Здесь каждый год миллионы хинду совершают "пуджу", чтобы получить благословение своего бога и обрести духовное утешение. Но не путайте настоящую пуджу с тем смешным обрядом, который вам подсунут прямо на улице некоторые мошенники, делающие бизнес на туристах. Если перед вами стоит священник, который побрызгал водичкой вам в лицо и просит сто долларов - то можете смело смеяться и уходить. Это преступник, место которому в тюрьме. Веру невозможно продать, как и невозможно продать священный обряд пуджи. Увы, в связи с потоком туристов в Индии все чаще появляются мошенники, которые играя на самых высоких чувствах, вымогают деньги. Так бывает, но мою душу не обмануть лживыми заверениями обманщика.

Что же касается Vishweshwara, то для Индии имеет совершенно уникальное значение в смысле эзотерическом. Надо заметить, что храмов подобного масштаба два, один носит имя New Vishwanath, а другой - Old или Gold Vishwanath. Это разные храмы, и их не надо путать. Если Нью Вишванатх открыт для любого туриста, то в Золотой Вишванатх белого просто не пустят. Вам понадобится как минимум рекомендация, а как максимум, надо знать и понимать, кто имеет право пройти в этот храм. Что касается меня, мне повезло. И охранники, которые увидели мои бессонные ночи на моем радостном лице, выслушали мой рассказ о уже посещенных мной храмах, увидели мои глаза - разрешили войти.

По преданию достаточно одного визита к святому храму Gold Vishwanath-он же Old, чтобы карма стала лучше, а духовная жизнь - чище. Этот храм много раз восстанавливали после разрушения, у него богатая история. Он пережил и нашествие афганцев, и войны с турками. Его несколько раз разрушали почти до основания. То, что видят наши современники, приходя в храм на пуджу, это последняя реконструкция храма 1780 года. Обратите внимание, что купола этого храма покрыты Настоящим Золотом, которое в 1939 году пожертвовал махарадж Punjab Kesari Ranjeet Singh. Третий купол прекрасного храма был залит золотом уже при поддержке Министерства Культуры и Религиозных Дел Индии. Много ли храмов в России покрыты золотом? Вопрос, на который не нужно даже отвечать. Означает ли это, что золото более ценно для российских церквей, чем вера?

Gold Vishwanath за это время посетили не только обычные люди, но и признанные святые Индии, такие как Adi Shankaracharya, Goswami Tulsidas, Guru Nanak, Свами Ramakrishna Paramhans, Свами Vivekananda и Maharshi Dayanand Saraswati. Для каждого правоверного индуса это место - священно исполнено особой силы. И я, хотите верьте или нет, ощутил в себе мистическую силу этого места.

Названия этих двух храмов одинаковы, но у каждого из них своя уникальная история. Новый Вишванатх находится на территории University Hindu, или как его еще называют - Бенаресский университет, это почти храмовый комплекс, поражающий своими размерами. У него есть определенные правила для посещения, определенные дни приема, и этот храм доступен для посещения даже белыми туристами. Тут есть и прекрасный сад, древние красивые деревья, много зелени. Тут же ходят брамины в тогах, на газонах отдыхают местные студенты, а преподаватели ведут беседы в тени. Здесь очень много скульптур, многим из которых очень много лет. Храм очень большой по размерам, отделан с большой любовью и усердием. Здесь идеально чисто, и на входе надо снимать обувь как и в любой другой храм. Вход в храм не допускается в кожаной одежде, с посторонними предметами, запрещена фото и видео съемка внутри храма. Внутри храма множество "мурти" статуэток и изображений божеств. Они выполнены из глины и металла, как в храме Кал Бхайрав. На мемориальных досках внутри храма высечены древние письмена и заповеди сутр. Что характерно, внутри храма одной сампрадайи можно увидеть изображения разных божеств. Храм может быть посвящен Шиве, но внутри все равно можно встретить изображения и Вишну, и Брамы, и Ханумана, или Кали. Это характерно для Индии, божества здесь хотя и дифференцированы, но, тем не менее, взаимосвязаны. Их объединяет совместная летопись их деяний, их родословная с древних времен. Нет Брамы без Вишну и Шивы без Брамы, и здесь, в храмах, это очень хорошо заметно. Огромные стены храма связаны множеством переходов, лестниц, здесь постоянно много людей, студенты коротают время перемен между занятиями, бродят туристы. Людей тянет сюда всегда, потому что на улице жарко, а в храме всегда царит приятная прохлада. Я даже видел несколько раз, как в тени храма люди просто ложатся на пол и дремлют. Те, кому некуда спешить, здесь всегда могут просто отдохнуть, и в этом нет ничего необычного. У меня, правда, вряд ли получилось бы запросто лечь на землю и заснуть. Разве что, я был бы сильно пьян, но алкоголь мне уже не нужен. Отсюда вывод, что то, что нормально для индуса, не очень привычно и легко для русского. Даже для русского, который проникся духом Индии.

Что касается Старого Вишванатха (это и есть Gold Vishwanath), то в этом храме было зафиксировано несколько попыток терактов, он более закрыт и менее известен для туристов. Мне запретили фотографировать в нем и было чудом, что я вообще смог туда пройти. Одна из главнейший реликвий Старого Вишванатха - священный лингам, один из двенадцати святых лингамов, разбросанных по Индии. Здесь всегда много людей, и это паломники. Лингам в Индии почитают как абсолютное проявление Шивы. Выглядит это как мраморный цилиндр, закругленный сверху, установленный на ровную площадку, которая называется "йони". Во время процесса восславления бога паломник достает принесенный с собой сок, молоко или воду из Ганги, льет сверху на лингам, вода стекает по нему в этот импровизированный бассейн по желобку, и внизу собирается в ладони, где считается уже священной. Сама эта процедура называется "абхишека". Паломник наносит освященную во время процедуры воду на лицо, голову и шею, получая тем самым благословение. Сама процедура жертвоприношения заключается в том, что "бхакти" - преданный бога, предлагает божеству овощи, фрукты, цветы, и воду или молоко. В Старом Вишванатхе наблюдать саму процедуру "абхишеке" наиболее интересно, потому что это храм не для всех. Мне, чтобы попасть в него, пришлось полчаса разговаривать с крупным полицейским чином, разговаривать на хинду, на английском, убеждая его, что я хинду и вполне адекватен. После этого полицейский заставил меня заполнить длинную анкету, отписаться в журнале посещений, где до меня две недели назад пропустили по спецпропуску какого-то американского профессора, и я вошел. Полицейский, сопровождая меня, провел меня через охрану на входе, пробормотав что-то типа: "Ты даже не представляешь, как тебе повезло", - на ломаном английском. После того, как я вышел из храма, знакомый торговец цветами на улице сначала не поверил моему рассказу, а потом его отношение ко мне резко поменялось. Теперь он меня приветствовал "Намастэ, бабА" (ударение на последний слог), что в переводе на русский означает: "Приветствую, уважаемый человек". [бабА - санскрит, перевод - отец, уважаемый человек]

Старый Вишванатх - место очень сильное энергетически, и мне показалось, после того, как я там побывал, будто что-то поменялось во мне навсегда. Скорее всего, так оно и есть.

7. Индус не боится смерти.

Смыслы смерти. Странная покорность. Лучи учений. Исполнение дхармы.

Что такое смерть, известно каждому из нас в той или иной степени. В России отношение к смерти вообще весьма специфическое. Здесь по-прежнему высока смертность от давно известных причин. Но люди хотят жить, разумеется, и каждый борется за свою жизнь по-своему. Жить хочется, понятное дело, и мне. Но понимание смерти в Индии носит принципиально иное значение, чем например, в России или Европе. Так уж получилось, что европейское отношение к смерти - это всегда отвращение, страх, иногда панический, нежелание потерять то, что накоплено и собрано за долгую, нелегкую жизнь. Умирающий европеец никогда не сможет забрать на тот свет свой банковский счет или семью, свой опыт, долгую и трудную успешную карьеру. Он практически всегда чувствует дискомфорт и ощущение того, что он что-то потерял или проиграл. Очень многие в этот момент ощущают абсурдность своего жизненного пути, будто они играли в какую-то непонятную игру, написанную по чужим правилам, и вот - пришел конец.

Принципиально другое отношение к смерти как таковой в Индии. Это не горе, это не боязнь, это нормально и такое же явление, как дождь или ветер. Это неизбежность, подчиненная определенным законам. Это просто смена состояния существования. Торговец на рынке, умирая, может предполагать, что его следующее воплощение будет намного более комфортным или приятным. Для него это просто перемена формы. Каждый правоверный индус уверен, что смерть - это всего лишь переход существования души с одного слоя реальности на другой план бытия. Незыблемо и жирной линией через жизнь каждого индуса проходит понятие кармы и правил поведения при жизни. Здесь мы снова встречаем колесо сансары, многосложную структуру, которая изначально подразумевает место для каждого в соответствии с его поведением. Закрывая глаза на смертном одре, просвещенный индус надеется на то, что его новая жизнь будет лучше. А в идеале - её не будет вообще. Возможно, что для него уже уготован или зал славы выбранного им бога, или новая каста, или новое уважение людей. Но это - если он жил по всем правилам. Четкая расписанность правил жизни и счастья заставило выработать у индусов своеобразное отношение и к смерти, философское, вместе с тем прагматичное и четкое.

Здесь конечно нельзя не затронуть различия в разных направлениях индуизма как такового, в его традициях есть свои разночтения, в зависимости от школы и от толкования священных писаний. Но основных традиции три. Знаменитая троица индуистских богов знакома практически любому из нас с детства независимо от страны нашего рождения, Шива, Вишну и Брама несут на своих руках душу каждого индуса до самой смерти. Эти три луча расходятся в стороны, создавая богатую почву для разночтений и разногласий, но нас в данном случае интересует только лишь отношение к смерти. Здесь все просто. Есть преданный выбранного бога, к примеру, одного из трех названных (или еще тысячи других богов). После смерти, прожив праведную жизнь, он либо приобщается к своему божеству, сливаясь с ним в эзотерическом храме почитания, либо продолжает свой круг воплощений, помещенный в новое тело. Здесь множество толкований в оформлении обрядов и методов восславления, но суть одна. Даже если взять знаменитых на весь мир кришнаитов, без которых не обходится уже ни один город в России, Европы или США, то, по сути, они все вышли из школы вишнуизма. Некоторые гуру, изучавшие Веды, сделали предположение, что Кришна суть верховное воплощение бога Вишну. Из этого появилась целая религия. У кришнаитов после смерти преданного ждет зал славы Кришны с совершенно четкой иерархией, которая каждому из них известна при жизни. То же самое можно сказать и про представителей других школ, про брахманистов или шиваитов. Хотя у сторонников Шивы, например, есть одно из ответвлений, кашмирский шиваизм, где говорится, что душа и есть сам бог. Но главное в этом всем одно - для индусов смерть не есть потеря, несчастье или горе. Это просто переход в другое состояние, качество. К смерти готовятся, ее ждут. И вариантов по сути два. Либо ты продолжаешь круговорот воплощений, либо ты просто познаешь своего бога и растворяешься в нем. Это состояние описано и в буддизме, как нирвана, и как высочайшее просветление во многих религиях Индии. В этом суть. Для среднестатистического европейца смерть это трагедия, конец всего. Для индуса же это просто один из этапов бытия, к которому надо быть готовым. Не ищите на погребальных кострах слезы и причитания - их там нет. Это просто процесс перехода души в новое состояние.

Разумеется, если случается несчастье, вроде пожара, авиакатастрофы или наводнения, то индусы будут, как и все, спасать свою жизнь и имущество. В этом случае и индус, и русский, и американец будут вести себя одинаково. Но каждый из них будет действовать по различным причинам. И единственное, почему индус не будет сидеть, сложа руки, пока падает самолет - он должен быть убежден, что его смерть наступила вовремя, что дхарма выполнена, что на нем нет никакой ответственности. Только если все перечисленное правда, он закроет глаза и примет смерть. В противном случае он будет спасаться, как и любой из нас, остервенело сражаясь за свою жизнь в этой реальности и в мире своих богов.

8. О кострах прощания.

Мать Ганга. Королевский сандал. Потомки браминов. Кому гореть первым?

Для индусов река Ганга, как ее все привыкли называть в России - Ганг, является живым существом, более того -священным существом. И нет такого индуса, который не хотел бы в конце своей жизни быть погребенным по всем правилам, то есть быть сожженым на берегу Ганги. В городе Варанаси есть два крупных шмашана (мест погребения), на котором день и ночь пылают такого рода костры. На шмашане Маникарника горят люди состоятельные и обеспеченные, на шмашане Харисчандра - люди победнее, в зависимости от обстоятельств. Это очень важное место как для города, так и для живущих в нем людей. На каждом шмашане Индии есть человек, который занимается решением организационных вопросов, распределением дров и денег. В его обязанности входит и определение количества дров, и назначение стоимости каждого отдельно взятого обряда погребения.

Если в семье хинду кто-то умер, то отец или старший сын отправляется на шмашан и договаривается о времени и цене обряда. После этого тело умершего на носилках несут через весь город к Ганге. Наблюдая этот обряд сотни раз, я каждый раз поражался его логичности, выверенности и тому, насколько неизменным он сохранился за тысячи долгих лет в Индии. Во время этого процесса поют особые, ритуальные песни, провожая в последний путь близкого человека. На шмашане покойника обмывают тут же в реке, пока люди из специальной касты формируют костер и готовятся к обряду сожжения. Тело должно высохнуть после омовения, перед тем, как его кладут на костер. После того, как все необходимые приготовления завершены, старший в семье - мужчина или сын подносит факел. Женщин на места сожжения пускать не любят, не пускают, потому что сам обряд подразумевает высокую серьезность и духовность происходящего. Здесь не должно быть слез, причитания и прочих выражений чувств. Во время сожжения принято лишь молиться.

Само сожжение усопших на Ганге - очень важная и ответственная процедура для любого индуса. Это большая честь для каждого жителя Индии, умереть достойно и закончить жизнь именно так. Это привычно для всех жителей Индии, и по Ганге много лет плывет пепел погребальных костров. Погребальный костер это сама по себе очень сложная процедура, которая имеет много тонкостей. От выполняющего ритуал брамина требуется огромный профессионализм и опыт, чтобы избежать неприятных ситуаций. При сожжении кроме всего прочего используются дрова манго, сандала и специальные пряности для хорошего запаха. Дрова манго дают очень большую температуру горения, и благодаря этому обряд проходит успешно, и тело, как правило, прогорает полностью, оставляя лишь пепел и немного костей. Две самые распространенные ошибки при сожжении - дров слишком мало или дров слишком много. При недостаточном количестве дров вокруг появляется запах шашлычной, не всем и не всегда приятный, да и неуместный, если честно. При большом количестве дров и огромной температуре пламени может начаться взрыв костей и черепа. Это еще более неприятно для окружающих, потому что мало того, что на это неприятно смотреть само по себе, но и бегающие вокруг собаки начнут подбирать разлетающиеся куски плоти. Чтобы избежать таких отвратительных ситуаций, нужны долгие годы практики работы на шмашане.

Погребальное сожжение также имеет ряд своих тонкостей в плане оплаты этой процедуры. Сам обряд стоит не менее 200-700 рупий, и человек бедный обречен гореть на остатках дров от других костров. Есть такое понятие, как «королевское сожжение». Такой обряд подразумевает наличие в огне не только дров манго, но и сандала. Эти куски дерева довольно дороги сами по себе и дают хороший запах от пламени. Сожжения на шмашанах происходят 24 часа в сутки семь дней в неделю. Очень впечатляюще выглядят шмашаны на берегу Ганга вечером или ночью, вы можете увидеть до 12-15 костров на одном участке земли. Вы можете спросить меня, откуда я все это знаю в таких деталях? Дело в том, что я неоднократно посещал шмашаны для своей личной цели. Я медитировал там, прямо рядом с пылающими кострами, наблюдая за тем, как в моей душе появляются ответы на самые важные вопросы о мире вокруг и моем месте в этом мире.

9. Такие сильные, слабые женщины Индии.

Слабый пол. Трагедия замужества. Проявление воли Парвати. Табуирование и золото.

Начиная тему про женщин Индии, нельзя не затронуть такой сложный момент во многих отношениях, как продажность любви, расчет в браке и тому подобное. Безусловно, в Индии это есть, как и в других странах мира. Это грустно, печально, но - увы. Но, как и со всеми прочими аспектами жизни этой страны, проституция например, выглядит очень своеобразно. Многие слышали про то, что Индия стала довольно современной страной и во многих отношениях очень развитой. Здесь есть многие грехи и преступления человечества, есть наркотики, проститутки, рэкетиры, ночные клубы. Все это есть. Но нет такого повального, к примеру, соблазнения возведенного в культ и такого легкого отношения к сексу, как в той же Франции. Когда я общался с жителями Варанаси, мне сказали, чтобы я опасался местных кварталов "красных фонарей", и в частности, мусульманских кварталов. В этом смысле проститутки-хинду и арабские девушки очень разные. Если сравнивать эти две национальности, то безусловно, девушек-хинду, торгующих своим телом, несомненно больше, чем приезжих. Суть в том, что местным, как правило, приходится переступать через свою гордость, зарабатывая себе на хлеб или на алкоголь. Консервативные взгляды Индии наложили свой отпечаток и на женщин этой профессии. Та, что волею судьбы попадает в такой капкан и начинает зарабатывать этим на жизнь, оказывается, повязана многими обычаями и общественным мнением.

Нормальная среднестатистическая женщина в Индии обязана иметь рядом с собой мужчину. Это ее опора, ее бог, ее половина. Это основа здоровой счастливой семьи. Это её стена защиты между ней и внешним миром. Я не раз встречал такие очень печальные случаи, когда женщина в Индии, потеряв мужа и отца детей просто уродует себя, убивая в себе все женское. Она может побрить свою голову налысо, или сделать нарочито мужскую прическу, одеваться в рванье, выглядеть ужасно. Все это по правилам хинду направлено на одно - чтобы люди теперь ни в коем случае не решили, что перед ними - женщина. Потеряв мужа, нормальная женщина хинду испытывает такой позор и отчаяние, что он не всегда совместим с жизнью. Ибо её больше некому обеспечивать.

Можете себе представить, что происходит с девушкой, решившейся на проституцию. От нее, как правило, отрекается вся ее семья, на ней постоянно находится незримое клеймо. Она обречена на особый жизненный сценарий, она теперь мишень для общественного осуждения и порицания. Это уже определенная каста, со своими законами внутри и снаружи. Теперь совершенно все, начиная от родственников и родителей, и кончая знакомыми и соседями, знают, чем занимается эта девушка и чем зарабатывает на жизнь. Ваш покорный слуга не пользовался услугами ни мусульманок, ни хинду, но слышал расценки. Это труд не менее тяжкий и дешевый, чем у прачек на берегу Ганги. Индийская проститутка может очень хорошо выглядеть и даже помогать своей семье. Она может этим вполне обеспечить себя и своих детей, если они у нее есть. Но в придачу к этому она неизбежно получит общее осуждение. Это палка о двух концах. Она практически обречена на вечное ожидание своего счастья, и шансы получить хорошего мужа почти равны нулю. Забеременев от какого-нибудь "клиента", такая девушка получает еще больше проблем, потому что ребенок проститутки обречен с рождения. Ему придется пробивать себе дорогу в жизни с такими усилиями, что надо быть очень усердным, терпеливым и умным. Такова индийская действительность.

По факту в современной Индии почти все браки, если они хотят быть успешными и счастливыми, заключаются по расчету. Кастовость и обычаи таковы, что просчитать необходимо все таким образом, чтобы не нарушить принципы религии и обеспечить своим детям безбедное и обеспеченное будущее. Нередки ситуации, когда молодые люди до брака бывают не знакомы вообще, но их родители уже все решили нужным образом. Осуждать родителей за такой подход сложно, потому что, как я уже говорил, единственный выход для нормальной женщины, потерявшей своего мужа - это броситься в Гангу. Родители решают все заранее, чтобы избежать такого рода ситуаций. Если вы думаете, что я придумываю, то вы заблуждаетесь. За время своих прогулок по Варанаси я один раз видел, как женщина бросилась в Гангу, не позволяя себя спасать. Безусловно, это была потерявшая честь и мужа чья-то жена.

В нормальных кастах с хорошим прошлым семьи знакомятся уже при рождении детей и планируют будущую свадьбу за много лет вперед. Свадьба в данном случае, не смотря на то, что выглядит лишь формальностью, должна быть пышной, её должны видеть все, и все должны знать, что у этих вот семей все хорошо, как и было много веков у их династий. У жениха и невесты в этот день должно быть много золотых украшений. Это очень важно, потому что именно с этим металлом индусы связывают достаток и процветание будущей семьи. Маленького мальчика знакомят со своей невестой такого же возраста уже лет в 10-12, и это нормально. Это их карма, это их обязательства перед обществом и своей семьей. Разумеется, это будет счастье, если эти молодые люди найдут что-то друг в друге, смогут привыкнуть и полюбить. И будет несчастье, если они не понравятся друг другу и будут навсегда повязаны этими обрядовыми оковами.

Отношение к женщине в этом смысле в Индии совершенно особенное, даже если, к примеру, сравнивать с теми же мусульманскими странами. Можно увидеть и женщин на хороших дорогих машинах, а можно встретить и группу девушек с молотками и кирками в руках, прокладывающих водопровод или меняющих фундамент. При этом, что интересно, вокруг будет стоять и молча глазеть человек тридцать здоровых физически и спокойных мужчин. Они не будут вмешиваться, у них не возникнет даже идеи, что надо спуститься в эту канаву и отобрать у девушки лом. Они будут смотреть. Все завязано на принцип кармы. У каждого свое дело, которое он должен сделать.

10. Божественный Сарнатх.

Великий источник. Тень Гаутамы. Утонченные джайны. Абсолютное невмешательство.

Если вы вдруг ни с того ни с сего соберетесь в Индию, то я вам рекомендую посетить в первую очередь именно Сарнатх. Все дело в том, что какую бы вы религию не почитали, вы наверняка прекрасно поладите с буддистами. Ведь Сарнатх по сути своей - не просто прекрасный памятник природной и духовной красоты. Это великий источник всего на свете буддизма. По слухам, именно здесь все впервые озвучилось, и уже потом распространилось по всему миру.

У Сарнатха совершенно уникальная судьба как у географической точки на карте мира. На сегодняшний день нет ни одного буддиста на планете, который не хотел бы оказаться хоть раз в жизни в Сарнатхе. Это одно из наиболее святых мест и в Индии, и в мире вообще, здесь всегда множество паломников и туристов, в любое время года, в любой день недели и круглые сутки. Стал одним из таких паломников и я. Ведь вам совершенно не обязательно быть буддистом, чтобы оказаться здесь. Но не удивляйтесь тому, что почти все туристы здесь в той или иной степени разделяют ценности буддизма. И все они в большинстве своем - буддисты в том виде, в каком это принято понимать. Немногие люди знают, что Сарнатх, по сути своей является родиной всего мирового буддизма. Это просто пригород города Варанаси, но здесь многое происходит по-другому. Многое, в том числе в духовном мире здешних людей.

Вы проезжаете всего несколько километров от Варанаси на какой-нибудь рикше за не очень большие деньги и вдруг попадаете в другой мир.

Именно в Сарнатхе известный всему миру будда Сиддхартха Гаутама сформировался как гуру, здесь была произнесена вслух первая его проповедь как учителя, который не просто говорит, но учит быть счастливым. Это уникальное место, очень чистое, очень красивое. Здесь и древние буддистские храмы, и парк - все посвящено этой старой истории, этой первой проповеди Будды. Чистота здесь поддерживается на таком уровне, что поневоле начнешь думать о высоком и духовном. Упавшие с деревьев листья практически моментально подбираются и сжигаются персоналом, и упаси вас бог бросить где-нибудь окурок или обертку от мороженого. Хотя я уверен, что у вас просто не возникнет такого желания. Там, где чистота царит везде и всегда, сорить просто не захочется. Здесь всегда какое-то совершенно особенное ощущение общей гармонии мира и себя в нем.

Если вы зайдете в храм, в котором круглые сутки идут службы, вы практически всегда увидите там небольшую группу каких-нибудь туристов. Сюда едут со всего мира, из Японии, из России, из Кореи. Это и обычные зеваки, и паломники. Каждый буддист, который только есть на планете, обязательно за свою жизнь хоть раз, да захочет посетить Сарнатх. Именно здесь был выстрадан и зарожден буддизм как мировая религия. На момент рождения Будды Гаутамы в Индии официально правящей конфессией был шиваизм, и будда сам того не ведая, был рожден для того, чтобы создать новую религию. "Боддха" с санскрита означает - пробужденный. Именно будда Шакьямуни, здесь, пропустив через себя всю боль своего существования, стал новым гуру для многих последователей.

Следовало ожидать, в принципе, прихода нового мессии уже в то время. Это неизбежно - перегибы структуры одной религиозной школы ведут к появлению новой. Новая религия, в свою очередь, дробится на множество ветвей, где каждый уверяет, что прав только так и никак больше. Люди меняются, но смысл остается прежним. Что такое буддизм? Учение, которое пропагандирует только то, что весь мир - это страдание, мучение, бремя привязанностей и зависимостей. И достичь счастья и просветления, по мнению большинства буддистов(на языке хинду это состояние называется "мокша"), можно только лишь благодаря определенным методикам, медитации и отречению. И только тогда возникает определенное состояние чистоты, "нирваны". Это буддизм в его классическом виде, не считая разных его форм и ответвлений.

Что еще можно встретить в Сарнатхе? Джайны построили здесь очень красивый храм. Это само по себе явление для Сарнатха редкое, потому что учение джайнов более утонченное, чем привычные здесь ветви. Хотя джайны и буддисты - это две совершенно различные по сути религии. К примеру, в буддизме "мурти" (изображение Будды) будет выглядеть следующим образом: сидит человек в бронзе, держа руки сложенными вверх. У джайнов даже это будет выглядеть иначе, руки ложатся одна на другую, это Махавира, у джайнов он более смирен и тих. Джайны пошли дальше обычной ветки буддизма, они пропагандируют абсолютное невмешательство и непричинение вреда. В разговоре с вами они не будут касаться вас руками, повышать голос и могут вообще надеть медицинскую повязку на лицо, чтобы даже не дышать в вашу сторону. Конечно не все, но многие. Отсюда идут корни знаменитой индийской отзывчивости, люди приветливы, хотят помочь и весь их вид показывает то, что вы можете на них рассчитывать. Въевшаяся в кожу многолетняя вежливость и спокойствие. Мудрость и внимательность. Просто бальзам на раны моей измученной души. Да и вам наверняка понравится. Да, и не вздумайте путать джайнов и буддистов, это разные религии.

11. О символах веры Индии

Алтарь всем. Колесо грехов. Бог рядом. Деньги в ритуалах.

Начать, наверное, стоит с того, что в Индии в бога верят. В непознаваемого, странного - верят. Есть разные понятия о боге у каждого человека, у каждого хинду. Будь то мусульманин, хиндуист, джайанист, или сикх - не имеет значения, кто. В этой стране все подчинено одному - я верю в бога. Потому что бог есть все вокруг и в том числе я. Любой хинду вам скажет: "Бог формирует меня, мою сущность, бог формирует мои понятия, бог формирует мою карму, по которой я живу". В этом смысле в Индии дела намного лучше, чем в той же России. Русские поймут, о чем речь. Даже заваленное информацией сознание среднестатистического заурядного обывателя в России понимает, что в современных религиях что-то не так. Начиная с православных священников, разъезжающих на дорогих красивых машинах, и заканчивая отпущением грехов за деньги.

В этом плане в Индии все совершенно не так. Разумеется, среди индусов есть и преступники, и мошенники, и коррупционеры. Но если глубже всмотреться в души этих людей, то без труда можно заметить, что 90% из них действительно верят в своих богов. И самое важное для каждого человека в этой стране, имеющего в ней гражданство, называющего себя хинду - это понятие кармы. Карма означает предназначение. Если ты был лодочником в прошлой жизни, если твой отец был лодочником в этой жизни, то твоя каста - быть лодочником и проводить дни на причале Ганги. Один индус на полном серьезе говорил мне об этом без особых эмоций на лице, вызывая у меня восхищение. Как гениально, просто и замечательно! И дети твои, по всей видимости, тоже будут иметь такую же судьбу, замечательный человек. Они тоже будут гонять лодки без паруса по матери Ганге с утра до вечера. Смогу ли я когда-нибудь с такой же уверенностью сказать о своих детях, что они тоже будут работать с нефтью и нефтехимией, как и я? Если ты индийский банкир по карме, то ты безо всяких помех получишь нужное образование и будешь иметь хорошую работу в этой сфере. Вся твоя карма будет подчинена этой теме: ты - банкир, ты создан богами и призван на этот путь.

Что касается символов веры как таковых, то их не так много. Гораздо больше в этом плане атрибутов, а также связанных с ними ритуалов, но важнейшее понятие - предназначение в жизни. Вот почему бедный не очень-то и завидует богатому в Нью-Дели. Да, он не против разбогатеть, разумеется. Но человек, сидящий под деревом баньян в центре Дели и медитирующий на чётках, имеющий очень низкий доход и торгующий чаем по 4 рупии за чашку, никогда не будет завидовать (даже в мыслях) человеку, который едет мимо него на дорогой машине. Конечно, современная Индия стала немного иной, и часто зависть поражает их сердца. Но ведь у каждого из них своя карма. Он, может быть, понимает на границе своего сознания, что в следующей жизни он будет иметь этот автомобиль или мог бы иметь этот автомобиль в этой жизни. Но в этой жизни он - торговец чаем. Посему он следует своему пути и исполняет свою дхарму, как предначертано.

Здесь мы близки к разгадке ещё одного феномена. Он даже более важен, чем предыдущий. Вот почему богач на хорошей машине никогда не будет сострадать или жалеть бедняка, мимо которого он только что проехал. Он спокойно остановится, купит себе чаю, поболтает с беднотой и поедет дальше. Возможно, и он в следующей своей жизни будет торговцем чаем, но пока что он богат и это его карма. Все верят одинаково в эти вещи, и обладатель хорошей машины, и обладатель хорошего коттеджа, и житель трущоб, который каждый день смотрит на эти самые машины и коттеджи. Каждый здесь думает только о своем, о личном пути, о своих проблемах, о своих грехах и проблемах. Карма меняется после смерти, и надо успеть прожить так, чтобы потом не было еще хуже. Карму можно изменить в процессе жизни, служением богу, правильным поведением. Каждый твой поступок может помочь тебе же или тебе же навредить. Огромный спектр: бизнес, семья, любовь. Как ты повел себя, как поступил. Все это может быть, зачтется тебе в следующей жизни. Ядовитые лианы западной культуры и американские ценности уже заползли в Индию с её глубокой религиозностью и спокойным течением жизни. И среди основной массы индусов, которые подходят под описание данное мной, вы всегда сможете увидеть ярких представителей нового времени. Это не столь ортодоксальные индусы, некоторые из которых гораздо менее знакомы с историей своего народа и веры. Некоторые из таких индусов, попав под тлетворное разрушительное влияние американских ценностей, знают о своем народе несравненно меньше, чем я. А ведь я приезжий, русский человек, который нашел в себе силы спасти свою душу вдали от своей родины. И в этом тоже есть проявление закона кармы.

Это то самое непрерывное колесо сансары. Даже на флаге Индии вы можете видеть три полоски (белый, зеленый, оранжевый). А посередине этих полос - колесо, то самое. Колесо всех твоих прошлых жизней, грехов, страхов, любви и ненависти, правильных и неправильных поступков. Хотя было бы неграмотно сказать "грехов", потому что у хинду такого понятия нет. Это явление чисто европейское, нет в Индии добра и зла в чистом виде. Здесь все просто, карма хорошая либо плохая, либо ты вне ее. И от того, насколько ты понял свой путь, зависит твое будущее, в том числе следующая жизнь.

В Индии множество конфессий по-разному трактуют образ бога, образ веры, символ веры. Что такое в данном случае символ веры? Во-первых, это храмы. Храмов в Индии огромное количество. Во-вторых, ежедневная обычная жизнь каждого хинду пропитана насквозь верой и ее составляющими, от этого никуда не деться. Например, в каждой семье хинду есть алтарь. Ему не обязательно ходить в церковь, простаивать там очередь на службу или толкаться в толпе. В каждом доме, в каждой гостинице, в которой вы остановились, даже в самой бедной, есть свой маленький алтарь. Понятие близости к богу здесь трактуется по-своему. Бог вот он, рядом, можно каждое утро, днем или вечером предложить ему свежие цветы или благовония. И каждое утро в каждом доме начинается с молитвы. Человек молится, не зная, что с ним будет завтра, кем он станет. Он не знает этого, но обращение к богу привычно даже для уличного грабителя. В этом смысле индусам ещё есть, во что верить.

Кому-то может показаться странным, но один из важных элементов поклонения богам в Индии и религии как таковой - это деньги. Все знают, что деньги - это универсальный товарный эквивалент, и даже нечто большее. Деньги уже давно превратились в некий культ, который давным-давно пронзил самые различные народы. Поэтому даже в такой стране, как Индия, которая богата духовными традициями, деньги играют немаловажную роль.

Некоторые нации не любят деньги, и относятся к ним настороженно. А некоторые нации, напротив, обожают деньги как явление и стремятся везде дать им ход, в том числе и в какой-то ритуальной, духовной части. Как известно, не только у христиан можно заплатить за богослужение у священника. Та же ситуация присутствует и в Индии. Деньги циркулируют вокруг храмов Индии также, как и вокруг храмов в других странах. Подаются милостыни нищим и духовным людям (странникам). Кроме того, на алтарь различным божествам кладутся мелкие монетки. В этом смысле индийские обряды отличаются от католических или православных обрядов. В русском храме вы не увидите деньги, лежащие прямо у иконы или на алтаре, или около креста. В Индии на лингамы часто кладут мелкие деньги. В процессе духовной инициации также надо положить монетки каждому изображению (мурти) планет. Монета кладется и к ногам гуру, наставника, дающего посвящение. То есть монета в данном случае превращается из обыденного предмета обихода в жертвенный предмет. Индусы сами вкладывают какое-то особенное понимание в эти монеты у ног их богов. Для них это в том числе - символ того, что они предоставляют богам часть своей энергии и жизни. Разумеется, если рядовой индус, даже не из самой богатой прослойки, готов расстаться с деньгами ради проведения обряда - это достаточно серьезный элемент культуры в Индии. Более того, некоторые обряды и инициации в Индии требуют того, чтобы человек заплатил своему гуру. Гуру в свою очередь передает свой опыт и знания, и это не означает, что наставник - алчный и жадный человек. Это символ того, что ученик готов отдать что угодно за то знание, которое он получит. Это символ того, что гуру ничего не получит взамен, поскольку ученик, который пришел к нему - готов от чего-то отказаться взамен на просвещение и духовный рост. Жертва в этом случае может быть представлена не только деньгами, это могут быть подарки или драгоценности. Но лучше, если это именно деньги, потому что именно на деньги все это можно купить. Замечу, однако, что деньги, присутствующие в обрядах и ритуалах Индии, никоим образом не влияют на сам ритуал или обряд. Поскольку мне лично известны случаи, когда ученик не мог заплатить гуру в силу своей бедности, и тогда перед началом обряда гуру сам передавал ученику некоторое количество денег просто для того, чтобы ритуал прошел без нарушений.

В Индии еще десяток лет назад к деньгам отношение было весьма почтительное, но не фанатичное. Однако все признаки тяги к наживе не обошли стороной и эту страну. Определенную роль в этом сыграло то, что в Индии основная масса населения живет на грани бедности, и количество попрошаек на улицах просто огромно. Некоторые индусы за очень маленькую сумму денег готовы не просто прислуживать, но и служить. Развитость индустрии туризма и приход в Индию туристов из-за рубежа сформировал целую индустрию, которая органично влилась в местную культуру. Индусы заметили, что деньги можно получить просто так, за минимальные усилия. Их можно попросить, их можно потребовать у туриста, и он их с большой долей вероятности даст. Кроме этого, среди индусов, как и среди прочих народов, встречаются и жадные, и подлые, и даже алчные люди. Как и в других странах, такие люди есть в Индии и в духовной среде.

Семьи, желающие избавиться от нужды, калечат себя и своих детей, нанося себе увечья, чтобы жить потом на милостыню от туристов. Священники некоторых храмов, видя вашу неопытность, могут самым примитивным образом вас обмануть, выманивая у вас деньги под разными предлогами. Такие затраты могут даже вызвать недоумение у туриста, поскольку все это совершенно не вяжется с духовностью происходящего в храмах. Из этого я даже придумал для себя поговорку: "Кто платит, тот и заказывает пуджу". Разумеется, вам следует вести себя осторожно в таких случаях, потому что когда речь заходит об оплате за ритуалы и обряды, следует изучить этот вопрос досконально еще до знакомства со священником.

Когда в храме Кал-Бхайрав после пуджи с нанесением священного пепла на лоб с вас начинают требовать каких-то запредельных денег - это означает, вас решили обмануть. Вас не уважают, не любят и вы дали так с собой обращаться. Причины этого следует искать не в храме, а в себе. Храмы в Индии потрясают воображение своим величием и красотой, но тот, кто на самом деле верит в бога - никогда не будет верить священникам во всем. Они в этом случае не более, чем посредники между вами и божеством, и вы вправе отказаться от посредников, читая молитвы и не утруждая себя переплатой за ритуал или обряд. Деньги в обрядах и ритуалах должны быть не более, чем символом, а не целью. Это касается не только Индии, я считаю что той же самой тактики должны придерживаться все священнослужители, у которых есть хоть какая-то совесть и внутренняя нравственность.

Конечно, жаль, что и в Индии обряды и богослужения, как и в других странах, стали приобретать коммерческую окраску. Смотреть на это неприятно. Тем более, некоторые брамины в Индии не гнушаются и приторговывать прямо в своих же храмах нелегальными товарами. В таких случаях, встречаясь с подобными священниками - просто обходите их стороной. Храмы строили для тех, кто приходит туда обращаться к Божествам, а не откупиться от грехов или купить гашиш.

12. Дурга-мантра в тантрических учениях Индии

Тайный смысл. Чанда и Мунда. Проявления шактипат. Глубина Ом.

Еще одна великая мантра из набора шактистских мантр - мантра, посвященная богине Дурге в лице её жутковатого проявления, богини Чамунды. В эту мантру, как и во многие другие, входит слог "Ом". Звучит она практически также, как и пишется. У звучания этой мантры, которую вы навряд ли вообще встретите в открытых источниках, есть несколько вариаций написания.

OM aiM hriM kliM chAmundA yAi vicce

либо

Om Aim Hreem Kleem Chamundaye Viche

Эта мантра считается одной из наиболее сильных мантр, дарующих практику духовную силу. Этой мантре приписывается свойство уничтожать иллюзии в жизни, быту и сознании читающего её. Как и в большинстве случаев, древность и истинность этой мантры можно проверить, прочитав её несколько раз вслух. Тот эффект, который она производит на человека, очень интересен. Это "биджа"-мантра. "Биджа" с санскрита переводится как "семя". Мантра называется "биджа", потому что первые три слога мантры являются звукобуквами, которые не имеют конкретного перевода на русский язык. Их называют священными зёрнами, или "семенами", инициирующими внутри медитирующего на мантру определенные виды энергии. Словно семя дерева или травы, падающее на землю, прорастает и становится растением, так и эти звуки порождают в душе практика интересные эффекты и открытия. Мантра также содержит обращение к тёмному яростному проявлению Дурги, божеству Чамунде. Предупреждая заявления скептиков, я отмечу заранее все обвинения в том, что эта мантра опасна и является одним из элементов темного учения, близкого к черной магии. По сути своей созвучия, которые составляют эту мантру, очень полезны для здоровья. В любом случае-лучше получить мантру от Гуру.

Читая эту мантру три дня подряд по десять кругов на чётках (1080 раз) некоторые хинду утверждают, что обретают таким способом освобождение от иллюзий и просветление. Кроме этого, бытует мнение, что данная мантра способная вызвать в человеке "шактипат". Что такое шактипат? Это аналог русской православной "божьей благодати", которая снисходит на верующего. Некое индивидуальное просветление и новые, незабываемые ощущения на жизненном пути. Действительно, особое трансовое состояние читающего эту мантру человека способно вызвать в сознании некоторые интересные ощущения. Человек может, к примеру, принять решение, которое не решался долгое время. Или сделать выбор, который казался ему сложным. Все это у индусов и многое другое, укладывается в слово "шактипат". Оговорюсь, что указанное количество начитывания мантры (1080 раз). Это не просто чтение мантры, это почитание божества, в данном случае - Чамунды. Человек же, желающий просто попробовать и проверить на себе действие этой мантры должен прислушиваться к своим ощущениям. Эта мантра может вам не подойти, или даже нанести вред, если вы изначально не изучив этот предмет, броситесь читать её по тысяче раз с лишним. О том, как правильно читать мантры, совмещая это с медитацией, вы можете узнать из главы, в которой я рассказываю о Гаятри-мантре. Правила, касающиеся чтения Гаятри-мантры, в равной степени относятся и к Дурга-мантре. Читать необходимо, правильно произнося все звуки, вслушиваясь в их вибрации внутри и правильным образом дыша. Кроме этого, вы не должны приступать к чтению Дурга-мантры, если вы настроены побыстрее отчитать её и приступить к другим, более важным делам. В этом случае нечего ждать от такой медитации, вы ничего не получите, ни эйфории, ни ожидаемого шактипата.

Это очень серьезная и очень сильная мантра, относящаяся к классу редких и малоизвестных. Если у вас нет учителя, который в состоянии вас проконсультировать и объяснить все тонкости обращения с этой мантрой, то вам придется действовать на свой страх и риск. Мантры, относящиеся к классу шактистских, биджа-мантр, это мантры сильные и очень своеобразные. Если вы встретите в какой-то еще мантре "биджу" - то есть описанные выше звуко-буквы, то это шактистские мантры, то есть обращенные к божеству в его женской ипостаси.

Эту мантру в Индии широко применяют шакты и ветви тантрических шиваитов. В этой мантре вы встречаете обращение к одному из самых злобных и страшных проявлений Дурги - божеству Чамунде. Почему Чамунда? Это одна из ипостасей Парвати, супруги бога Шивы. Согласно одной из легенд, когда-то существовали два демона, с которыми никто не мог совладать. Одного демона звали Чанда, а другого демона - Мунда. Во время битвы из лба богини Дурги вылезла страшная чёрная женщина, образ которой был страшен. Она победила в бою этих двух демонов. Так что справедливо будет говорить о том, что Чамунда - это проявление Дурги, которая проявила себя определенным образом для того, чтобы победить демонов. Следовательно, к богине Дурге обращаются как к Чамунде, как к одной из страшнейших и беспощадных ипостасей Дурги.

На всех мурти Чамунда изображается чёрной, многорукой и уродливой женщиной, часто - старухой. Чамунда - тантрический персонаж, и ей в свое время строили храмы в Индии. Не случайно поклонение Чамунде вплотную связано с тантрическими практиками. Непосвященному человеку может быть опасно заигрывать с такими вещами и сущностями, не зная, к чему это может привести.

Следует помнить о том, что Чамунда не суть человеческое существо, а некое божество, воплощение Парвати в сущности и предназначенное для определенной цели. Почему Чамунда изображается уродливой, старой и страшной? Можно предположить, что Дурга таким образом защищалась от вожделений атакующих её демонов. Полная внешняя непривлекательность мурти Чамунды таким образом прямо указывает на то, что Парвати может быть не только источником любви и вожделенной страсти, но и источником ненависти и боли для врага. Для того, чтобы победить своих врагов, проявления Парвати - жены Шивы, применяют те же средства, что и враги божества. Они становятся полной противоположностью вражеской энергии, объединяя её, отражая зеркально и в результате, побеждая. У Чамунды, Дурги и Кали суть одна женская сущность Парвати, жены бога Шивы. Разница лишь в том, что для каждой конкретной ситуации и цели Парвати динамически проявляет себя по-разному. Она может быть любовью, а может быть и болью. Она может защищать или наказывать. Все это мифологические моменты достаточно интересны, и про это следует помнить практикующему мантры шактистского порядка. Когда у богов возникают проблемы - на помощь, как правило, приходит женское динамическое начало. Так, по крайней мере, бывает обычно в Индии. Шива в это время занят тем, что сидит и медитирует. В этом его предназначение и сущность, и он посылает Парвати в её проявлениях, чтобы решать свои проблемы. Это кстати очень хорошо видно, когда вы гуляете по центральной улице в Нью-Дели и видите, как кучка женщин с инструментами кладут трубопровод, а мужчины такой же кучкой стоят в стороне и смотрят. С одной стороны Шива и есть эта женщина, он неотделим от неё. Шакти не только жена бога Шивы, но и его персональная энергия.

13. Как я получил дикшу в Индии

Мое нетерпение. Божественный Варанаси. Красный цвет. Баклажановые покоры.

Эта история сама по себе была достаточно долгой, так как до момента получения дикши мне пришлось подготовиться теоретически чтобы не подвести своего учителя. Как вы понимаете, мое стремление к духовному развитию было своего рода бегством от той бездуховной жизни, что была ранее. Мои визиты в Индию уже стали регулярными. Я очень кропотливо изучил базовый курс санскрита, а также посещал некоторое время занятия по йоге и техникам медитации. Было это в основном в Варанаси, где я повстречал своего Гуруджи. Это почтенный пожилой человек из совершенно интересной готры - Кашьяпа, очень древней и практически легендарной в Индии. Ему скоро исполняется 80 лет, и за это время он достиг немалого. Перед ритуалом моя душа была полна воодушевления и предчувствия чего-то особенного. Это было совершенно уникальное мистическое переживание, которое наряду с посещением храмов захватило меня целиком. Как бы то ни было, но день получения дикши настал.

Само действо проходило в месте под названием Асси Гхат, это одна из точек города на набережной Ганги. Если вы когда-нибудь планируете поездку в Варанаси, то можете заглянуть туда. Спросите у любого хинду, где здесь Асси Гхат, и вам ответят, а может даже проводят. Атмосфера там среди местных и по сей день такая же, что царила в средневековье с его обычаями. Что, собственно, только подчеркивало уникальность момента и его глубокую насыщенность древними смыслами, к радости моей трепещущей души. Не обошлось и без неприятностей, когда я узнал от Гуруджи, что день для ритуала не очень удачный именно для меня, но богиня в это время сильна, как никогда. В размышлениях своих он даже собирался перенести действо ещё на год, но в последний момент передумал. Я было испугался, что мне придется ждать ещё год, но потом одернул себя за неподобающие мысли. В конечном счете Гуруджи виднее, чем мне.

В тот день в Варанаси я был как-то по-особому одухотворен и наполнен особым чувством. Мне было даровано посвящение в упачару Богини Кали. Сам ритуал длился достаточно долго, около трёх часов. Причем перед этим я был вынужден достаточно серьезно поститься и готовиться морально к этому процессу. Мой Гуруджи предупредил меня, чтобы я за сутки до ритуала ничего не ел.

Когда же я очень удовлетворенный и с уникальным настроением вышел на улицу после дикши, то ощутил сильнейший голод, и решил поесть. На мне в тот момент была ритуальная одежда красного цвета, краски обряда на лице, я весь пропах благовониями и дымом. В первом попавшемся кафе, которое я встретил на пути, я решил покушать, чтобы подкрепить силы. Немного поразмышляв, я остановил свой выбор на большом тали с баклажановыми покорами и запить это все чаем с лимоном.

Ожидая заказанной еды, я весь пребывал в состоянии самом благочестивом и всеми своими мыслями погружен в тантрическое учение и образы великих наставников древности. За всем этим я не сразу заметил, как в кафе залетели двумя птичками калибри две молодые местные девушки индианки. Мой взгляд зацепился за них по той причине, что всем своим поведением и внешним видом они старались походить на те западные образцы, которыми полны последние годы американские фильмы. Встретив такое где-нибудь на Гоа или в Сингапуре, я бы даже не обратил внимания. Там таких же точно пташек тысячи, но только не здесь. И это были явно местные девушки, разодетые как европейки, забежавшие выпить кока-колы (!). Были они при современных айфонах, в джинсах и ярких блузках, накрашенные (!) с профессионально наложенным макияжем. На вид, первый-второй курс BHU. И тут я и они встречаемся глазами. Я - в красных одеждах после обряда посвящения от Гуруджи, русский понаехавший в Индию за ответами на вопросы. И они - стремящиеся всей душой туда, откуда я приехал, из засилия западной культуры. Девушки повели себя просто потрясающе. Какими презрительными взглядами и фырканьем я был вознаграждён! Увидев меня, они словно бы увидели приведение из другого мира, хотя казалось бы, я увидел то же самое и примерно то же самое почувствовал. По их лицу вполне очевидно читалось, что я ещё один белый идиот, приехавший в Индию за какой-то неведомой премудростью. В то время как они явно то ли наевшись всего местного до отвала, то ли презирая всей душой, не хотели даже видеть такое рядом с собой. Они выбежали из кафе через полминуты, как только разглядели внимательно тилаку у меня на лбу и мою одежду.

Хозяйка кафе, принеся мне еду, которую я заказал перед этим, поздравила меня с дикшей и сказала, что, наверное, я теперь самый настоящий хинду. Глаза у неё были при этом очень серьезные. Я прислушался к своему сердцу, и понял, что она искренно рада за меня. Некоторое время я размышлял, что именно произошло с двумя индийскими девушками, когда они увидели меня. Потом просто махнул рукой и начал думать о своём. Стоит отметить также и то, что во время проведения ритуала Гуруджи посетили местные журналисты из газеты "Times". Узнав у почтенного учителя, что он только что провел посвящение в упачару Богини Кали для русского искателя приключений, они пришли в полный восторг и решили написать об этом новость. Новость получилась плохой, полной орфографических ошибок и неточностей. По-моему, они умудрились поверхностно написать в статье даже про Гуруджи, который является местным жителем. Что уж говорить про меня. Насколько я помню, они делали несколько раз попытку неправильно написать мое имя. Так я получил дикшу.

14. Гаятри Мантра в индийских храмах

Светящееся создание. Такая разная гаятри. О важности предвкушения.

Гаятри-мантра, или как её называют в Индии, "big gAyatrI", является наисвященнейшей и универсальной, подходящей практически к любой индуистской ветке верований, мантрой. Эта мантра, естественно, существует и произносится на священном языке "санскрит", который по сей день пандитами считается священным. На этом языке были созданы и записаны очень авторитетные священные тексты для индусов - "Веды". И, по мнению тех, кто практикует духовные практики, каждая буква в этих ведах имеет свой глубокий сакральный смысл и свою определенную силу. Не зря все слова в санскрите называют "гирляндой букв", соответственно, любая мантра, составленная из этих букв, является священной. Каждый звук в санскрите связан с вызываемой им вибрацией, как на физическом уровне, так и в энергетических областях и слоях существования. Составленная из таких вибраций гаятри-мантра очень почитается всеми хинду, независимо от направления и традиции. Перед тем, как пытаться играть с произношением мантр, вам необходимо понять одну важную вещь. По мнению индусов мантра звучит не только в этом физическом мире. Во время правильного чтения мантры вы как бы начинаете находиться сразу в нескольких измерениях и реальностях. На вас обращают внимание сущности, о которых вы можете не знать. Но весь эффект от чтения мантр и разговоры об этом эффекте возникли не на пустом месте, я вас уверяю.

Для практикующего в одиночестве, читающего Гаятри-мантру, необходимо помнить о важности правильного произношения мантры.

oṃ bhūr bhuvaḥ svaḥ
tat savitur vareṇyaṃ
bhargo devasya dhīmahi

dhiyo yo naḥ pracodayāt

Смысл гаятри-мантры можно перевести с санскрита примерно так: "Преклоняюсь перед священным светящимся созданием, прошу даровать мне милость, знание и дорогу к свету". Свет и знание в данном контексте не случайно упомянуты рядом, потому что это практически одно и то же для хинду. Свет неоднократно упоминается как символ просвещения и духовного роста. Прошение высшего светящегося существа может быть связано с Солнцем, а может и не быть. Но упоминаемое в мантре имя божества "Савитри" (Савитур) прямо указывает на ведическое божество солнечной природы.

Этой мантрой пользуются так или иначе практически все представители самых различных религиозных индуистских учений в Индии. Будь то вайшнавы, шиваиты или ортодоксальные брахманические учения - все любят и почитают Гаятри, за её красоту и высокий смысл. Гаятри, как и любые мантры подобной силы, требуют почтительного отношения от практикующего. Нельзя читать эту мантру в нарушенном состоянии духа, в смятенных мыслях и без должного понимания важности процесса. Чтение требует уединения, одиночества и полной концентрации. Требуется полностью отсечь внешние раздражители, которые могут невольно или намеренно отвлечь вас от чтения мантры. В сознании практикующего должен быть такой же порядок, как и вокруг него в момент чтения гаятри. Следует размышлять и осознавать лишь только смысл самой мантры, наслаждаясь ее глубиной звучания и красотой вибрации.

В идеале эта мантра среди индусов относится к тем мантрам, которые передаются учителем его ученику. По традиции хинду учитель в момент таинства наклоняется к ученику и передает ему мантру шепотом, так как никто больше не должен ее знать. Считается, что при таком ритуале мантра набирает большую силу, чем если бы ученик начал практиковать ее сам без помощи гуру. Учитель, гуруджи, также объясняет ученику, как именно следует произносить мантру без ошибок, со всеми ударениями, паузами и длительностью звуков. В санскрите, как и в китайских диалектах, очень большое значение уделяется длительности звуков. Это и ударения, и паузы, и соответственно, знаки препинания и интонации. Мантра должна произноситься спокойно, не торопясь. Если произошло какое-то событие, которое отвлекло вас от рецитации мантр - необходимо прекратить чтение. Далее следует успокоиться, привести мысли и дух в порядок и начать сначала. Поза для чтения должна быть удобна, вас не должно ничего стеснять. Для чтения можно использовать четки. Мантру можно произносить вслух, можно читать её в уме, концентрируясь на вибрациях, можно читать её шепотом. Для начинающих лучше произносить мантру вполголоса, чтобы слышать свой голос и свои ошибки.

Моё мнение - для чтения гаятри-мантры требуется посвящение. Ну и просто замечательно, если эту мантру вам передал самый настоящий гуру. Тем не менее, если вы все-таки решили почитать её без посвящения, не думаю, что с вами случиться что-то плохое. Если вы понимаете смысл происходящего с вами во время чтения мантры и цените красоту гаятри - то она поможет вам собраться с духом, настроит на нужный лад и подарит особые, только ваши ощущения. Еще одно - не следует относиться к мантре, как к досадной необходимости, как к грузу, который поскорее надо с себя сбросить. Если у вас такое отношение к мантре и процессу чтения - лучше даже не начинайте. Мантру следует произносить с желанием, с радостью.

Отметить можно еще одну особенность гаятри. Практически в каждом храме огромного пантеона индийских богов существует своя собственная разновидность гаятри. То есть, можно говорить о неком классическом виде мантры, и множестве её модификаций в переложении на разные религиозные школы. У шиваитов своя собственная версия гаятри-мантры, которая в конечном счете адресована Шиве.

Как отличить настоящую классическую "гаятри" от появившегося позже модификата? По ключевому слову. В изначальной версии мы видим слово "савитур", которое в версии шиваитской школы заменено на "рудра". Аналогичным образом гаятри изменила свой первозданный вид и в других религиозных учениях Индии.

15. Кому нужна бедная и униженная Индия?

Гибель богов. Духовность или надругательство? Разрушение образа. Кто здесь?

Как человек, хранящий немало приятных воспоминаний об Индии, я не могу без беспокойства наблюдать за тем, что там происходит сейчас. Возможно, для людей беспристрастных не происходит ничего особенного. Но последние дни очень явно заметно, как некие неведомые идеологи тщательно работают над образом Индии в головах своих "коллег" и людей планеты в целом. Можно конечно называть меня параноиком, и говорить, что мне все это померещилось. Можно даже посмеяться над моими речами. Но все это до тех пор, пока вам не придет в голову систематизировать некие факты и истории в одну картину. Началось все, как вы помните, с массового психоза в СМИ по поводу якобы участившихся случаев изнасилования в Индии. И опять же, а был ли этот психоз случаен, или все произошло по чьему-то совершенно определенному сценарию?

Газеты и каналы ТВ во всем мире около полугода пестрели яркими заголовками, из которых можно было подумать, что в Индии люди сошли с ума и ожесточились. Невероятно, но если бы я не был в Индии сам так часто и не видел своими глазами все, что там происходит, я бы поверил. Вполне очевидно, нас хотели заставить думать в нужную сторону, не иначе. Потому что чем ещё объяснить, что целый месяц(!) из Индии не было никаких мировых новостей, кроме групповых и одиночных изнасилований различных бедных девушек, женщин и девочек. Там что, больше ничего не происходит? После того как сознание масс было обработано соответствующим образом, выяснилось неожиданно, что у Индии-то оказывается проблемы. Какие, спрашивает Индия? Мировые СМИ отвечают: у вас проблемы, у вас повсюду, куда ни плюнь постоянно насилуют, грабят и убивают. "Вот это да! А ведь и правда", - отвечает Индия, изучив серию тщательно подготовленных тенденциозных сюжетов про самих себя. Тенденциозность подборок негативных новостей с ограблениями туристов, грамотно выловленные детали самых грязных приставаний и изнасилований сделали свое дело. Во всем мире падает имидж Индии, она уже не кажется такой духовной и просветленной для туристов, туры продаются плохо, женщины начали бояться туда ехать. Ведь ерунда, если вдуматься, чушь полная. Но ведь технология-то работает!

После того, как этот этап первичного уничтожения имиджа Индии был закончен, вступила вторая фаза. В Индию неожиданно засобирался посланник ООН. Все с теми же фразами на языке, в Индии, мол, насилуют и везде и всех. Кстати, непонятно почему послали женщину, да и как она не побоялась ехать? Фаза номер два была завершена после того, как на весь мир заявили, что в Индию едет вести расследования посланник ООН. Это вам ребята не игры какие, ООН - международная организация с непререкаемым авторитетом. Посланник ехал в Индию затем, чтобы ни у кого больше не было никаких сомнений, что Индия грязное, нищее и полное преступников место. И вот чудо - не бойтесь, международное сообщество уже обратило свое внимание на это, и все наверняка будет исправлено после расследования. И тут - добивающая фаза номер три со стороны того же европейско-американского влияния. Униженная перед всем миром при помощи специальных идеологических уловок страна выясняет, что ей присвоили рейтинг "BBB-" по версии S&P. Хук слева – удар по экономике страны.

Первый вопрос: кто присвоил? Ответ - международное рейтинговое агентство, авторитет экономики и прогнозов S&P! Второй вопрос - кто их просил это делать? Ответ - да никто! Третий вопрос - что думает обыватель, когда читает про это в новостях? Ответ - он думает, что Индия это грязное нищее(!) место, в котором полно преступников, насильников и грабителей, и в котором ну совершенно нечего делать порядочному американцу, европейцу - нужное подчеркнуть. Вопрос - а кому надо, чтобы так думали? А догадайтесь с трех раз, кому надо, чтобы об Индии думали именно так и какие именно выгоды можно получить, унизив и практически обанкротив целое государство. Кому и зачем может понадобиться банкротить целое государство с огромным населением, унижая в глазах всего мира? И что именно можно получить, сделав все это? Государство после такого публичного унижения можно просто подчинить, купив и запугав всех кого только можно. Коррумпировать местных чиновников сверху донизу, обесценить местную валюту, скупить по дешевке недвижимость и землю, на международных переговорах важно кривить лицо, произнося название страны. А через "общественные" организации и благотворительные фонды отмывать миллиарды долларов ежегодно, якобы оказывая помощь нищим и униженным индусам.

Пока женщины Индии и туристы сидят по домам, перепуганные тем, что их насилуют и грабят, а индийские чиновники переживают по поводу своего низкого экономического рейтинга, в Индию уже идут дяди в солнцезащитных очках, строгих костюмах и с кейсами. В кейсах - много денег и компромат для захвата власти в целом государстве. Для власти незримой, но вполне себе ощутимой физически. Для удобных и доступных рынков сбыта американских и европейских товаров, для дешевой рабочей силы и доступных для эксплуатации ресурсов. Едут представители международных корпораций, захватывать рынки. Делить как тортик целое государство, утопающее будто бы в нищете, разлагающееся якобы от преступности. Неужели так и произойдет, и буквально за пару лет я стану свидетелем того, как международные корпорации сожрут

Индию вместе с её богатейшей культурой? Не верьте тому, что видите в новостях. Все не такое, каким кажется.

16. Дикарь в поезде.

Запахи дороги. Плюсы воздержания. Свобода без проводов.

Как я уже писал в предыдущих статьях, путешествие по Индии дикарем имеет свои плюсы. В этой стране очень многие вещи вокруг намекают на внутреннюю свободу, и вы сможете ощутить её, если будете путешествовать также свободно, ничем не ограничивая свои перемещения по Индии. В каждом из видов перемещения также есть своя прелесть. Вы можете либо арендовать машину, либо взять в аренду мотороллер, либо сесть на поезд. Поезда в Индии могут вам открыть глаза на уже, казалось бы, давно знакомые вещи, и даже самая короткая поездка может дать интересные впечатления.

Если вам повезет, то в поезде будет не очень душно и тесно. Кроме этого вы всегда сможете найти общие темы для беседы со своими соседями по купе. Если вы решитесь на путешествие по Индии в поезде - то рекомендую не заказывать ничего из еды, что может быстро испортиться от жары. Стоит обойтись салатами и едой, в которой не может оказаться никаких особенных бактерий и микробов - ничего такого, с чем бы не справился ваш желудок. Берегите свой кишечник и не допускайте диареи. Попасть в туалет будет достаточно сложно, особенно если вы выбрали недорогой вагон.

Мне всегда нравилось путешествовать по Индии дикарем. При этом не имеет значения, на чем именно вы едете и куда конкретно. Всегда вы сможете увидеть что-то такое, чего вы еще не видели. Как ни странно, но поезда я тоже люблю.

Эти доисторические индийские поездка, которые работают даже без электричества. Они дизельные, и не везде протянуты провода. При этом цена на билет может быть не очень высока, а я уже писал на своем сайте, что чем ниже цена на билет - тем выше вероятность тесноты и дискомфорта... но все равно мне нравятся такие поездки. Можно всегда с кем-то познакомиться или поболтать. Как-то раз у меня получилось проговорить несколько часов с человеком, который даже английский знал с трудом. В такие моменты очень хорошо понимаешь, что при общении не обязательно знать язык вообще. Одна из характерных особенностей ЖД в Индии - практически полное отсутствие электрических проводов. Выглядит с непривычки довольно странно, особенно для русского, но потом даже красиво. Вы не думайте, что у русских железные дороги какие-то передовые и суперсовременные. Но по сравнению с поездами России, поезда Индии, конечно же, отстали технологически. В поездах Индии почти в каждом штате часто очень много людей едут вообще без билета, либо докупают их непосредственно у проводника, либо вообще едут бесплатно. Поэтому на особо популярные дешевые рейсы может быть давка и неприятные ощущения от общения такого рода с индусами. Учтите, что даже если вы знаете английский, не все в Индии в состоянии вас понять. И в такой толчее вы оказываетесь вдвойне уязвимым, потому что вас просто никто не понимает, если вы не знаете ни одного местного диалекта. Передвижение в поездах Индии может само по себе стать интересным приключением, в случае если вы выбрали не самый дешевый класс, подготовились морально и знаете хотя бы английский язык.

Вы можете спросить меня, какую поездку в поезде выбрать? Покомфортнее или поинтереснее, с приключениями? Комфортная поездка на поезде - это прекрасная возможность увидеть поближе жизнь обычных индусов и посмотреть на страну совсем другими глазами. У вас будет время и посмотреть окрестности, и пообщаться с попутчиками, и посмотреть на быт. Кстати, забыл упомянуть, что в индийский вагонах, как правило, не два туалета, а четыре. Четыре туалета и нет тамбура как такового, как например, в наших поездах. Комнатушка с рукомойником, туалетной бумаги вы не найдете, только кружка на полу, прикованная цепочкой. Советую почаще мыть руки перед едой и не покупать пищу у случайных продавцов в вашем путешествии. В Индии прекрасно готовят для этого специально поставленные люди - помощники проводника в вашем поезе. В классах три, два и выше это два человека на вагон, кроме проводника. Заказать можно достаточно интересные блюда, даже чисто вегетарианские. Я бы посоветовал в условиях поездки на поезде ограничиться именно вегетарианским меню, в этом случае меньше шансов отравиться несвежим мясом или морепродуктами.

Бывает так, что иногда даже выгоднее летать на внутренних авиа-рейсах Индии, чем покупать билет на поезд. Цены достаточно невысоки, и на локальных рейсах это будет даже удобнее, чтобы добраться до нужной вам точки. И немного о классах удобства. Про железнодорожный транспорт можно отметить, что Индия - страна со вполне развитой сетью железных дорог. Цены на билеты могут быть самыми разными, от копеек до вполне приличных сумм. Разумеется, как и везде, вы можете выбрать бюджетное место с умеренной платой или купе класса "люкс", в котором и удобства будут несравненно выше, комфорта вы испытаете больше. К слову сказать, поезда в Индии могут быть переполнены. В Индии есть и аналог наших российских электричек, напоминающих наши плацкартные места. В индийских поездах есть строгая система комфортности вашей поездки. К примеру, кондиционирование вы получите с класса номер 3, где шесть полок в одном плацкарте. Класс два - четыре полки. И класс "суперлюкс" - там всего лишь два места пассажиров в купе. Там соответственно дороже и обслуживание, и питание. Если вы решили прокатиться третьим классом и выше на далекие расстояния, то питание, как правило, включено. И после поездки вам остается только дать чаевые проводникам и тем людям, которые занимаются специально приготовлением и раздачей пищи. Если вы едете дешевым классом на небольшие расстояния, то за еду придется оплатить отдельно. Путешествие в поездах низкого класса - это испытание не для слабонервных, такое же, как езда на автобусах.

17. О пользе холеры

Двигатель прогресса. Пандемия нормы. Опасность веры.

Об опасности такого опасного заболевания, как холера, написано и сказано уже немало. Уже много веков подряд от этого недуга гибнут многие тысячи людей ежегодно, особенно это касается таких нищих стран, как Индия. Здесь все совершенно устроено так, чтобы холера процветала и жила. Именно рядом со священной рекой Гангой много веков путешественники оставляли тела своих погибших собратьев. Местные только улыбались в ответ, разводя руками. Холера забирала тех, кто неосторожно пришел сюда издалека, забыв о том, что он здесь чужой.

Вопрос, который мучил меня практически всегда. Почему местные, которые родились на берегах Ганги, так редко подвержены инфицированию холерным вибрионом? Да, болеют они тоже, но явно реже. Но вот современные ученые выдвинули гениальную теорию, которая многое объясняет. Читатель, эта глава написана специально для тебя, если ты задумался о том, чтобы попить воды из древней Ганги. Помни о том, что местное население столетиями приспосабливалось к тому, чтобы жить с холерой рядом. Дело в том, что в тех странах, где холера всегда особенно распространена, неожиданно стал очевиден один факт. Местным заболеть шансов меньше. По научной теории, у них устойчивость к этому заболеванию передается на генном уровне от предков. Наука зафиксировала в таких опасных регионах планеты, что местное население меняется генетически, борясь с холерными бациллами на уровне

ДНК. Дети каждого поколения становятся все менее и менее восприимчивыми к холере, чем их родители и другие предки. Не поддавайся на искушение, наблюдая за тем, как индусы купаются и пьют из Ганги в то время, как по ней плывут трупы и пепел с мест погребений. Им можно. Тебе - нет, если ты турист, который прилетел вчера.

Интересно, что именно Индия является сердцем холеры на уровне всего мира по сей день. Привычка пить оттуда, куда испражняются, стирают и сбрасывают трупы уже тысячи лет, так и осталась у индусов. И они по прежнему поклоняются Ганге, являющейся главным источником холеры в Индии, как живому существу и божеству. Второе место после Индии по вспышкам холеры занимает Бангладеш, не на много уступая бедным кварталам и помойкам Варанаси. Нехватка чистой питьевой воды и еды приводит к тому, что уже к четырнадцати годам организмы детей Индии и Бангладеша содержат в себе вибрион холеры в разной степени силы воздействия. Это просто реальность, быт для бедноты Индии или неосторожного туриста. Попадая в организм путешественника или наивного европейского туриста, вода из Ганги, зараженная холерным вибрионом, может вогнать его в гроб буквально за пару часов. Умирая, человек мучается жестоким поносом, который к тому же приводит к сильному обезвоживанию. Это очень больно, мучительно и страшно, умирать от холеры в Индии. Вот почему я не рекомендую проверять, есть ли у вас устойчивость к холерному вибриону. Не повторяйте моих ошибок. Не смотря на то, что я ничем не заболел после того, как пил из Ганги, вы можете закончить свою жизнь среди берегов этой священной реки.

Ганга мать - так называют индусы эту реку. В нее сбрасывается мусор, в нее сливается мыльная вода от стирок, в нее сливают помои, сбрасываются трупы и пепел от трупов с мест погребения. В этой реке сотнями лет гниют трупы и дерево, органика и прочая гадость. В эту реку сливаются отходы с промышленных предприятий, заводов, с полей, где идет обработка инсектицидами. Хотите попить водички из святой Ганги? Вам решать. Для индуса все проще. Попадая в организм ребенка в ослабленном виде, холерный вибрион тренирует иммунную систему, в которой уже есть информация от предков. И к взрослому возрасту риск заразиться острой формой холеры для индуса равен не более одного процента даже после откровенно грязной воды. Ученые цивилизованных стран не могли не обратить внимание на то, что Индии приходится соседствовать с холерным вибрионом много тысяч лет в своей бытовой жизни. И получается, что у 95% населения этот вирус содержится в теле, но не приводит к тяжелым поражениям, как будто бы сосуществуя вместе с человеком в неком подобии симбиоза. Таким образом, налицо некий эволюционный момент, который выявлен в XXI веке. Люди явно приспособились к болезни, которая когда-то способная была уничтожить целые города. Причем механизмы защиты у таких людей встроены в сам геном, что доказывает эволюционность процесса. Вот почему я бы не рекомендовал пить воду из Ганги путешественникам из России, Европы и Америки. То, что хорошо и весело для местных, может попросту вас убить. Помните о том, что у них в генах заложена устойчивость к тем болезням, которые вы можете получить очень легко, и можете их не пережить. Даже если вы любите Индию также сильно, как я, не рискуйте.

18. Кастовость в современной Индии

Сила наследия варны. Брамины и шудры. Спасение для преступников.

Вам всеми силами будут внушать и в парламенте Индии, и на местах в регионах, что в стране система каст осталась далеко в прошлом. Но вы можете не обращать внимания на эти слова, потому что на самом деле мало что изменилось. Касты по-прежнему очень сильны в Индии. На данный момент в Индии насчитывается около полутора тысяч каст. Это совершенно разные социальные типы людей, различное воспитание и жизненные обстоятельства. Но классическое деление на данный момент выделяет четыре главных касты. Первая и самая главная - брамины, или как их называют в школьных учебниках "брахман". В нее входят священнослужители, интеллигенция, учителя высокого уровня, жрецы храмов. Чуть пониже рангом идет каста кшатриев. Это воины, руководители. То, что в России называют "начальник". В современной Индии в эту касту входят руководители крупных фирм, подразделений и дочерних предприятий, чиновники, военные разных рангов. В частности, считается очень почетным в Индии служить в военно-морском флоте. Следующая каста носит имя "вайшья".

Это очень широкая прослойка торговцев во многих поколениях, бизнесмены, банкиры, иногда ремесленники. Грубо говоря, это те, кто рожден для того, чтобы заниматься спекуляцией и получать прибыль от оборота денег. Эта каста тоже очень почетна сама по себе и пользуется всеобщим уважением. Быть вайшья в Индии - это значит, иметь хороший доход, хорошую еду и красивую жену. Последняя из классических четырех каст Индии по хинди звучит "шудра". Сюда относятся рабочие разных видов, водители автобусов, работяги, служащие железной дороги. Грубо говоря - муравьи, составляющие рабочую силу.

Но здесь не следует забывать о том, что существует множество подкаст, которые в общую картину не вливаются. К примеру "саддху" - вполне реально признанная группа людей со своими законами, как и агори, садху-вне каст. Но это своего рода каста святых, то что в России называют «блаженный». Человек, посвятивший себя целиком богу, забывший о текущих обычных делах, отрекшийся от забот мира. В полицейских участках Индии можно вполне реально получить паспорт "саддху" и ходить с ним по стране, ничего не боясь. Это люди вне всяческих категорий, которых запрещено трогать или привлекать к суду без веской причины, это свой мир со своими законами. Часто бывает так, что хинду, разыскиваемый полицией за убийство, к примеру, или ограбление, и понимающий, что вот-вот его схватят, просто сжигает свои документы, загорает на солнце, покупает себе оранжевую одежду, надевает дорожную сумку и бредет по Индии, распевая мантры. Это уже не просто человек, это посредник между богами и людьми, посвятивший себя целиком только служению богам. Получив новый документ в полиции через некоторое время, новоиспеченный саддху таким образом полностью очищает свою карму за преступления и избавляется от преследования властей. При этом не следует думать, что это каста беглых преступников.

Есть примеры, когда президенты корпораций или подразделений банков бросали все по причине каких-то внутренних переживаний, оставляли семью и становились саддху, просто пытаясь найти гармонию с самими собой и миром. В таких случаях люди оставляют все свое имущество детям или жене, принимают посвящение у одного из саньясинов и на вполне законных основаниях становятся странствующими паломниками бога. С этого момента этот человек имеет только одежду и небольшой бидончик из нержавейки. Так как по принципам веры саддху запрещено иметь при себе большие суммы денег или предметы роскоши, то живут они только тем, что им предложат сочувствующие хинду. Возможно, кто-то даст ему попить, а кто-то даст немного еды. То, что в России называют «подаяние». Но в отличие от русских у хинду не возникнет и тени мысли о том, что к ним пришел попрошайка и бездельник, если к ним в дом стучит садду и просит немного еды - это почетный гость. Его накормят, поговорят с ним как с равным, и проводят с благословением. При этом семья, принявшая садду может быть довольно бедной сама по себе, это не имеет значения. И садду имеет право заходить в самые разные дома, от самых уважаемых людей до например, семьи, где мать официально является проституткой в квартале "красных фонарей". Положение садду таково, что его любят и принимают все. Жизнь современной Индии вносит свои коррективы и в это тоже, но традиции еще сильны.

В свою очередь каста садду тоже имеет множество ответвлений, к примеру школу "агори". Это наиболее экстремальный вид служения богу, при котором садду сутками напролет медитирует на местах сожжения мертвых и имеет самый минимум вещей, одежды и предметов. Агори боятся больше всего, потому что они ближе всего к смерти, они едят и пьют из чаш, сделанных из человеческих черепов, украшают себя символами смерти и некоторым агори даже разрешено употреблять в пищу сжигаемые на кострах тела мертвых. То, что в данном случае для хинду является запретным и окутано множеством суеверий, для агори превращается просто в быт и место обитания. Когда-то агори были очень могущественной школой садду, в частности, их уважали все четыре классические касты Индии и получить совет от агори означало получить совет самого бога. Но сейчас времена меняются, и агори становится все меньше, так как образ жизни этих людей настолько экстремален, что часто пугает даже ко всему привычную молодежь Индии, не говоря уже о европейцах.

Короткая история 1. О торговле младенцами в Индии

Интересная история на днях произошла в штате Пенджаб, открывающая менталитет индусов с самой неожиданной стороны. Дело в том, что мужчина похитил своего внука из больницы, объявив матери ребенка, что тот умер при родах. После того, как ему удалось ввести в заблуждение родительницу, предприимчивый человек сумел продать младенца за сумму в 45 000 рупий работнице больницы.

Далее ребенка по цепочке продали уже за 300 000 рупий начальству повыше, работнику лаборатории в той же больнице. Так и длилась бы дальше цепочка перепродаж, но, тем не менее, когда сотрудник лаборатории попытался через социальную сеть продать младенца своему знакомому бизнесмену из столицы, полиция уже вышла на него. Стоит отметить, что знакомому из Дели ребенка продали бы уже за 800 тысяч рупий. По слухам, ребенка уже вернули матери, которая не очень довольна произошедшим в своей семье. Кроме того, она планирует подать в суд на своего отца, который выкрал у неё дитя.

Тотальная нищета в Индии уже давно обсуждается самыми разными людьми. Но неужели в Индии настолько плохо жить, что люди готовы торговать своими родственниками, лишь бы получить несколько рупий? Получается, что так. Постепенно, плавно, но в Индию проникают щупальца корысти, тщеславия и малодушия. И за какие-то смешные деньги люди готовы красть, грабить или даже убивать. Но касается это, разумеется, обычно только самых бедных слоев населения.

Короткая история 2. Как ростовщик стал золотым мужчиной из Пимпри

Вам следует понять и запомнить навсегда, что к золоту в Индии отношение совершенно уникальное и особое. Я нисколько не ошибусь, если скажу, что золото это украшение богов с точки зрения обычного индуса. Вот почему здесь до сих пор принято считать, что чем больше золота на человеке, тем он выше тебя по социальной лестнице. Это атрибут того, что человек богат, уважаем и основателен. В нашем веке этот древний обычай никуда не пропал. Индусы скупают золото по любому поводу, в слитках, монетах и украшениях, вкладывая все свободные деньги в этот металл. А что касается украшений, то случаи бывают совершенно уникально смешные. Как в истории про ростовщика из Пимпри.

Одному из бизнесменов в Индии, дающих деньги в долг, удалось прогреметь на весь мир своим оригинальным поступком. Индус по имени Датта Фудж потратил более двадцати тысяч долларов на рубашку с множеством золотых элементов, которая на вид кажется сделанной полностью из золота. Как отметил в интервью сам золотой человек, на этот поступок он решился ради уважения и повышенного внимания женского пола к своей персоне. Не трудно заметить, что Фудж своими поступками хотел завоевать особое отношение к себе как со стороны своих родственников, так и друзей. Но особо ростовщик хотел отличиться перед женщинами, желая поклонения и обожания с их стороны. Золотая рубашка из золота 24-карат действительно выглядит великолепно, и на моей памяти нет ничего подобного на мировых подиумах Европы и Америки. Вопрос, откуда у индуса взялось столько денег, никем не задается, потому что его ростовщический бизнес в Индии один из сверхприбыльных. Фуджу пока только тридцать два года, и теперь у него после такой славы есть действительно все шансы на то, чтобы стать завидным женихом. Для такого оригинального предмета одежды понадобились усилия почти двух десятков ювелиров города Пимпри-Чинчвад. Люди шили её на заказ в течение полумесяца, работая каждый день почти по сутки.

Кто-то может усомниться, что реально сделать рубашку из золота. И в принципе это так и есть. На самом деле в основе рубашки лежит белый бархат, прошитый определенным способом, со множеством вставок и инкрустаций. Пуговицы же этого произведения искусства украшены, кроме всего прочего, кристаллами Swarovski. В общем и целом на изготовление рубашки и золотого пояса к ней ушло почти пятнадцать тысяч золотых нитей. Остатков золота хватило на то, чтобы собрать из них индивидуальный набор колец и цепей в комплект к рубашке. Русский знает, что обозначает выражение "обвешан украшениями, как новогодняя елка". И ростовщик из Пимпри выглядит именно так. Причем, самое интересное, что для русского это выглядит смешно, нелепо и глупо. Но для индуса это вызывающая зависть одежда и аксессуары. Вот почему ростовщик-индус стал моментально таким популярным человеком в своей стране.

Чтобы понять поступок индуса, который добровольно повесил на себя семь килограммов золота, необходимо понимать некоторые особенности менталитета индусов. В Индии обвешивать себя золотом вполне нормально с давних времен. И человек, который носит на себе столько драгоценного металла в цепях, кольцах и одежде, сам по себе вызывает у населения трепет, уважение и зависть к своей персоне. Датта Фудж привлек внимание множества журналистов, которые по достоинству оценили его поступок. Репортерам богатый ростовщик признался, что давно уже мечтал о золотой рубашке как признаке его статуса. Кроме того, он надеется, что новый элемент одежды поможет ему найти его любовь. Необычного индуса в золотой рубашке уже несколько раз называли "Золотым человеком из Пимпри".

Короткая история 3. Проститутки поневоле: бизнес на дочерях и внучках

В одной из своих публикаций я рассматривал отношение индусов к феномену проституции и пытался проанализировать это явление в сочетании с особенностями национального характера жителей Индии. Однако буквально пару лет назад в этой стране начали появляться совершенно новые феноменальные вещи, которых ранее не было. Один из таких моментов я хочу рассмотреть в этой истории.

Интересная форма легальной проституции появилась в Индии относительно недавно. Изнывая от нищеты и нехватки денег, индусы из бедных слоев населения начали выдавать своих дочерей замуж на время. Как бы это цинично не звучало, но этого своего рода аренда дочерей и внучек. Обычно такие браки носят формальный характер и не длятся дольше, чем месяц. При этом родители и родственники девушки получают большие суммы денег от различных мужчин, которые не скрывают особо цели такого брака - получить удовольствие от регулярного секса, не обременяя себя длительными отношениями и какими-либо обязательствами. Обратите внимание, что это не проституция в своем изначальном виде. Ведь формально все законы и правила социума соблюдены, и такая дочка, которая была раз пятнадцать сдана в аренду, продолжает считаться приличной девушкой.

Основными потребителями такой услуги в Индии стали богачи из-за рубежа. Не знаю почему, но по какой-то причине это промышленники и торговцы из мусульманских стран. Я не имею ничего против ислама и мусульман в целом, но факт вещь упрямая. Самое интересное, что у таких "туристов" как правило дома остается их собственная жена (а порой и дети). Но это не мешает им приехать в Индию и оформить быстро брак с местной девушкой недели на две, заплатив родителям и священнику. И родители девушки, и сама девушка при этом прекрасно понимают происходящее и все связанные с этим вещи. Можете поверить, она прекрасно осведомлена, зачем её купили и что именно с ней собираются делать. Интересно также и то, что правоохранительные органы в городах Индии прекрасно осведомлены о происходящем в этой среде. Тем не менее, с точки зрения закона как я уже сказал, все формальности соблюдены, и пока в полицию никто не обратится, ни о каком расследовании не может быть и речи. Более того, некоторые представители полиции по этому поводу высказывались, объясняя появление такой проституции тем, что в Индии цены на такие услуги значительно ниже, чем в соседних странах.

Это может быть забавно, но порой такие фиктивные браки для секса заключаются даже на несколько дней. При этом, само собой не все девушки остаются довольны происходящим. Очень часто они убегают от своих "мужей", особенно если такие супружеские отношения длятся достаточно долго, от месяца. Так произошло и с девушкой по имени Наушин Тобассум, которая предпочла выразить свой протест, скрывшись от своей семьи и богатого туриста из Судана. Эта история была широко освещена в СМИ Индии. Не многие девушки при этом решаются на то, чтобы обратиться в полицию на свою родню. Цена на такой брак колеблется до более, чем тысяча долларов за месяц супружеских отношений. В истории с Наушин Тобассум её передала мужу ее родная тетя. Кроме всего прочего, турист оплатил услуги еще двух (!!!) таких же девушек на месяц. Из оплаты, произведенной туристом, были выделены средства на то, чтобы оплатить беспокойство родителей, услуги имама, который признал брак, услуги переводчика. Также некоторую сумму денег тетя девушки оставила себе лично.

Интересно, что девушке было семнадцать лет, но в свадебном сертификате проставили возраст 24 года. Девушка, не выдержав психического напряжения ситуации, убежала от мужа и обратилась в полицию, которая в скором времени арестовала всех участников сделки. Правозащитники женщин и девушек в Индии отмечают, что такие ложные браки в стране не редкость, и ежемесячно их заключают десятками, при этом реальная цифра скорее всего намного выше. Как известно, большинство поклонников секс-туризма приезжают именно в город Хайдарабад, поскольку уровень жизни у людей здесь крайне низок. Именно здесь можно найти жену на время из местных красавиц. При этом люди здесь находятся в таком отчаянном жизненном положении, что готовы терпеть унижение и подставные браки с тем, чтобы хоть как-то получить облегчение своей жизни.

Короткая история 4. Индийская кухня на примере Владимира Заливако

Эта история за последние месяцы стала очень известна в пределах не только России. Хочу рассказать вам её, как пример, потому что после прочтения вы сможете уже делать выводы и не допускать подобных ситуаций в своей жизни. Речь в истории пойдет о туристе из Москвы Владимире Заливако, который пал жертвой гостеприимства Индии и её кухни. По слухам, человеку все нравилось, пока он не решил отобедать "эдакого" то ли в ресторане, то ли во множестве забегаловок, которыми Индия кишит. Отобедав (или отужинав) того самого эдакого в индийском калорите, Заливако смог дойти до своего номера, где и потерял сознание. Позже, в больнице, оказалось что у Заливако случился разрыв желудка от того самого блюда, которое он попробовал. Что именно за блюдо он попробовал, не важно в этой истории. Важно то, что оно было острым и очевидно традиционным.

К слову сказать, мне лично доводилось слышать разные истории про индийскую кухню. И это, пожалуй, одна из самых главных опасностей этой страны. Все потому, что неокрепшие желудки европейцев и россиян порой не выдерживают того, что у индусов считается нормой вещей. Обилие пряностей и ингредиентов, которые мало того, что острые сами по себе, но и могут оказаться несвежими - все это делает поход в ресторан опасным занятием сродни поеданию рыбы фугу в японском ресторане. Может, выживешь, а если выживешь, то тебе очень понравится. Будучи человеком взрослым, Заливако не мог не отдавать себе отчет в своих действиях, тем более - по слухам, он путешествовал не меньше двух недель, и наверняка его обо всем заранее предупредили. Но вот чего я не могу понять совершенно, как человек с прободной язвой вообще решился на эксперименты с местным колоритом. Вы вообще можете себе представить, как человек, у которого есть хотя бы намек на язву желудка(а он не мог об этом не знать) решил поесть острой индийской пищи?

Человек, у которого прободная язва, совершенно очевидно должен об этом догадываться. А догадавшись, принять меры в виде строгой индийской диеты. Ведь извините, можно и кони двинуть даже не от кухни индусов, а от простого беляша. Аналоги русских беляшей также активно продаются на улицах индийских городов. Называются по-другому, но по сути те же самые беляши, пирожки и чебуреки. На фоне "острого" и очень едкого кусочка у человека немудрено, что начался разрыв желудка. Это следовало ожидать, даже странно было бы если бы ничего подобного не произошло. Заливако очень повезло с сопровождающими и помогающими ему людьми, которые смогли вовремя сориентироваться и доставить его в больницу. Промедли люди чуть-чуть - и не было бы у известного института ведущего специалиста. Все оттого, что надо беречь здоровье, когда оно того требует.

Короткая история 5. Доктор-индус насиловал англичанок

Эта история сама по себе наводит на множество мыслей. Поэтому рекомендую вам воздержаться от однозначной оценки событий, которые мной описаны. Итак, недавно в Великобритании разразился настоящий скандал с индусом в главной роли. Этот человек, много лет проработавший врачом в Европе(!), является уроженцем Индии и ни у кого никогда не возникало никаких мыслей, что такой человек может оказаться преступником и извращенцем. Давиндерджит Бэинс, занимая должность врача, нападал на своих пациенток и снимал свои домогательства на специальную видеокамеру, которая была спрятана в часах. Когда индуса арестовали, он признался не только в предъявленных ему эпизодах, но и проинформировал следствие о том, что случаев нападения было гораздо больше. Долгие годы работающий семейным врачом индус насиловал своих пациентов(женщин, мужчин и детей), и долгие годы оставался при этом безнаказанным.

На момент задержания преступнику было 45 лет, и на своем рабочем месте он успел зарекомендовать себя достаточно приличным человеком. Коллеги врача по работе были шокированы, когда узнали что ему предъявлено обвинение по тридцати случаям насилия над женщинами, которые обращались к нему за помощью. Все эпизоды своих преступлений врач снимал на высокопрофессиональную камеру, скрытую в наручных часах марки Tieex Spy Watch. Этот почти что шпионский гаджет в руках врача превратился в страшное оружие. На момент ареста мужчина сознался в более чем тридцати эпизодах нападения на женщин сексуального характера. Следствием было установлено, что врач совершил тринадцать случаев домогательств, тринадцать случаев вуайеризма, одиннадцать случаев сексуального насилия и даже несколько случаев активности сексуальных действий с детьми. Интересно то, что когда судья выносил приговор, пойманный врач-индус попросил следствие принять во внимание еще 65 (!!!) случаев его преступлений. Действительно, при обыске у этого врача на его компьютере было найдено видео при участии свыше 100 женщин, заснятых на его видеокамеру. Все преступления были совершены по отношению к женщинам самых разных возрастных категорий, от 14 до 51 лет, всего за два года практической деятельности врача. Все это индус успел натворить всего лишь за пару лет, представляете?

Сам Давиндерджит Бэинс был замечен полицией после того, как одна из женщин больницы решилась обратиться в полицию. Она сообщила полицейским, что врач почему-то снимал на видео то, как она принимала душ и даже пытался её изнасиловать. После этого врач был арестован сразу же после законченной им в больнице операции. Скандальные видеоролики, на которых были засняты несчастные пациентки доктора, находились в его личном кабинете прямо в больнице. Полиция озвучила, что врач успел отснять примерно четыреста видеороликов.

После завершения расследования, полиция отметила, что Давиндерджит Бэинс был семейным врачом, это особая категория докторов, которые прикрепляются к целым семьям на долгие годы. Воспользовавшись особыми доверительными отношениями, которые возникают между людьми в таких ситуациях, врач решил использовать их для своего собственного сексуального удовлетворения. Доктор Бэинс получил свой диплом в университете Мангалора, что на западном побережье в Индии, ещё в 1993 году. И уже в 2007 году приобрел статус семейного врача в Великобритании. На данный момент этот доктор отстранен от практической деятельности. Коллеги Давиндерджита Бэинса по работе, что работали с ним в одной больнице, были шокированы такими новостями о работавшем рядом несколько лет сотруднике.

Если вы внимательно читали мою книгу с самого начала, то обратите внимание ещё раз на главу, в которой я подробно освещаю проблемы секса в Индии. И для вас станет ясно, как день, почему именно индусы попадаются на таких странных преступлениях.

Короткая история 6. Про аэропорт имени Индиры Ганди в Дели

Когда я оказался в этом аэропорту в первый раз, я был потрясен размерами и масштабами этого строения. В голове не укладывалось, что нечто такое может существовать в Индии с её консервативными взглядами на религию и трепетным отношением к старине. Хай-тек, совмещенный с элементами непосредственно хинду культуры производит потрясающее впечатление на человека неподготовленного. Здесь есть совершенно все, что только может быть в аэропорту и намного больше этого.

Вы можете целыми днями бродить по этому комплексу и не увидеть и половины его красот. В этом аэропорту обслуживаются практически все авиакомпании, которые только существуют в Индии, а для паломников, которые едут на свой хадж, работает специальный терминал(!). Оборот пассажиров, грузопотоков и денег здесь не просто огромный, он также потрясает воображение, как и стильность самого комплекса.

Ожидающий своего рейса пассажир здесь может помедитировать под живую музыку в специальном месте, приобрести самые различные товары, поспать, очень неплохо поужинать и многое, многое другое. Очень умилительно выглядят индусы, которые в ожидании своего рейса просто ложатся на пол и засыпают, подложив руку под голову. Именно такие картины простодушия напоминают, что вы находитесь все-таки в Индии. Такие картины и, конечно же, изображения и скульптуры божеств.

Короткая история 7. О такси в Индии и дорогах вообще

Где бы вы не находились в Индии и чем бы вы там не занимались, вам рано или поздно понадобится такси. Что касается автотранспорта, то в основном в Индии сообщение представлено автобусами (если брать междугородние передвижения)… в том числе - такси для туристов, специализированное. Цены на такие виды услуг такси не сильно отличаются от российских. Если брать в аренду, к примеру, какой-нибудь хороший джип, то это будет достаточно дорого, как и в России. Намного выгоднее по Индии путешествовать в компании, потому что тогда действительно выгодно взять на расстояние 500-1000 км какой-то хороший джип, расплатившись в долларах. В этом случае у вас будет ещё и водитель. Можно кроме этого, тот же самый джип взять в аренду. Скорее всего, с вас не потребуют даже залога в этом случае. Всё, что нужно - предъявить права, с которых, возможно, сделают ксерокопию. Всё зависит от конкретного салона, где вы будете договариваться.

И, конечно же, можно взять такси. Такси в Индии обойдется немного дешевле, чем это было бы в России. В конечном счете, всё упирается в то, за сколько именно и как вы договоритесь с водителем. Если вам удалось вызвать симпатию у водителя, то он, возможно, сделает вам скидку, как это было у меня. Насчет такси - есть такая в Индии интересная штука, как предоплатное такси. Это когда на вокзале вы можете подойти в особую будку, где заранее оплатить квитанцию по определенному маршруту. Вам сразу же посчитают, сколько это будет стоить, вы оплачиваете и с этой квитанцией едете в такси до самой точки высадки, ничего при этом не доплачивая. Система очень надежная, и вы таким образом можете подстраховаться от случайных завышенных умышленно цен. Некоторые таксисты-частники умышленно завозят своих пассажиров в незнакомые дебри, из которых порой приходиться выбираться потом по цене вдвое больше.

В пределах города вы можете путешествовать на рикше, на моторикше или на велорикше. Естественно, цены разнятся. Самый дешевый вид транспорта в данном случае - это велорикша. Это такой своеобразный бюджетный вид транспорта, где за 10-15 рупий вас провезут несколько остановок. Пользоваться рикшей или нет - вопрос скорее этического плана, потому что работа это очень тяжелая, и мне лично было жаль смотреть на то, как тяжело трудятся эти бедные люди. Моторикша немного подороже, и сродни нашему маршрутному такси, с той лишь разницей, что вас довезут до того самого места, где вы хотите выйти. Есть, кстати такая разновидность моторикш - мотороллер с коробкой из жести. Она выкрашена преимущественно в зеленый или чёрный цвет с жёлтыми полосками. Моторикши в основном циркулируют по совершенно определенным маршрутам в пределах одного города(как правило это крупные туристические центры, либо храмовые комплексы).

Короткая история 8. Индийская роспись по телу входит в моду на Западе

Женщин из стран с преобладанием западной культуры Индия все равно интересует. Даже модельеры США и Европы часто составляют коллекции с индийскими мотивами, которые пользуются несомненным успехом. Кроме этого, отдельного уважения Индия заслужила за изобретение такой вещи, как менди. Это особый и очень красивый рисунок хной на теле, который держится от одной до трех недель. Такой рисунок - своеобразная индийская альтернатива татуировке. Это украшение рук и ног росписью, которая смывается не так быстро как краска, но при этом не остается навсегда, а ее нанесение совсем не причиняет боли и не вредит здоровью.

История менди насчитывает около пяти тысяч лет и берет свое начало в Древнем Египте, где женщины из высшего света покрывали свое тело рисунком. В культуре Индии искусство "менди" или по-другому - "мехенди" закрепилось в двенадцатом веке. Сейчас индийские женщины обычно украшают узором руки от пальцев до плеч и ноги от ступней до коленей. Обычно такой рисунок выполняют к какому-нибудь важному торжеству в жизни женщины. Индийскую невесту на свадьбе обязательно расписывают сложным узором.

Менди это важная часть традиций. Для индийских женщин нанесение рисунка это очень духовное и почти медитативное занятие. Многие верят, что узор оберегает от неудач и приносит счастье. Например, невесту перед свадьбой украшают рисунком, а остатки краски закапывают в землю, чтобы защитить брак от возможных неприятностей. Женщины, пришедшие на свадьбу как гости, также часто украшают руки рисунком в честь праздника.

Рисунки хной также популярны в Северной Африке, Индонезии, Иране и Пакистане. Самым распространенным символом в узорах является "турецкий огурец". Однако индийские менди самые сложные в мире. Также как и в движениях индийского танца, в большинстве узоров индийского менди всегда заключен какой-то смысл. Например, солнце означает вселенную или божественную силу. Звезда означает надежду, а квадрат - дом и стабильность. На запад мода на рисунки хной пришла вместе с модой на индийскую культуру в целом. В последние годы популяризации менди во многом поспособствовали звезды - Деми Мур, Мадонна и Наоми Кэмпбелл.

Хна для нанесения рисунка продается в специальных коробочках - конусах, удобных для быстрого использования. Макушка коробочки срезается и хна выдавливается в нужном количестве. Но такая форма продажи предполагает умение наносить рисунок. Для тех же, кто не умеет этого делать, всегда можно обратиться к специалисту - художнику. В России рисунки - менди можно сделать во многих тату-салонах или в некоторых салонах красоты. В самой Индии рисунок можно сделать практически повсюду - художники есть на любом рынке, при любом отеле или салоне, практически на каждой улице.

Короткая история 9. Как правильно вести себя в Индии

Индустрия туризма в последнее время настолько развита, что уже практически в любой стране, в том числе и в Индии довольно спокойно относятся к иностранцам, которые ничего не знают о том, как здесь принято себя вести. И все же следует запомнить несколько особенностей этой страны, хотя бы для того, чтобы избежать неловких ситуаций и негативного отношения местных жителей. Это универсальные советы общего плана. Вам же после некоторых наблюдений за жизнью индусов в голову придут и другие, не менее полезные советы.

1. В выборе одежды лучше соблюдать некоторую осторожность. Традиционно должны быть закрыты плечи и ноги, поэтому майки, шорты и короткие юбки - не лучший вариант. Девушка с открытыми ногами может вызвать неодобрение женщин и слишком повышенное внимание мужчин. Особенно это актуально на фоне последних новостей из Индии. Там как вы знаете, увеличилось количество изнасилований, в том числе туристок. При этом голый живот скорее всего не вызовет никаких эмоций, это вполне допустимо. В туристических местах эти правила не всегда соблюдают, но если прийти в храм или публичное место в неподобающем виде, это, скорее всего, вызовет возмущение, и вас могут туда не пустить вообще.

2. Индийцы (хинду) снимают обувь перед тем, как войти в помещение или храм, это считается правилом хорошего тона. Однако, в последнее время этим правилом часто пренебрегают, поэтому ориентируйтесь на других индийцев или обращайте внимание на наличие обуви на входе в помещение и поступайте

так, как поступают другие. В храмах же и вообще во всех религиозных местах обувь снимают всегда.

3. Старайтесь избегать контактов с людьми левой рукой, это может быть расценено как неуважение. В Индии правая рука считается чистой, а левая - нечистой, так как ей пользуются в туалете. Поэтому есть и передавать предметы левой рукой здесь считается дурным тоном. Правой рукой, напротив, едят, дают и берут деньги в магазине и принимают покупки. Прикасаясь к собеседнику правой рукой, вы демонстрируете свое к нему уважение и показываете, что он для вас приятен.

4. Ноги также как и левая рука считаются нечистыми, поэтому нельзя направлять свои ступни на другого человека или, тем более, касаться кого-либо ступнями или подошвами, это тоже проявление неуважения. Также ноги нельзя направлять в сторону храма.

5. Парам следует вести себя сдержанно на публике, любое выражение чувств - объятия, поцелуи даже между супругами будут восприняты как неприличное поведение. Считается, что этим люди создают неудобства для окружающих и заставляют их чувствовать себя неловко. Если вы с супругой или девушкой намерены походить по улицам Индии, то запомните это правило и не смущайте людей вокруг.

6. Индийцы очень заботятся о своей карме и стараются без особой надобности не убивать насекомых и животных. Поэтому если вам сильно досаждает какая-нибудь мошка, постарайтесь избавиться от нее, по крайней мере, не на глазах местных жителей. Это особенно актуально вечером на Ганге, где бывает огромное количество комаров и мошек.

В целом, в местах скопления туристов к иностранцам, конечно, будут относиться снисходительно, однако лучше помнить, что для людей, которые каждый день соблюдают определенные традиции и правила может быть сложно понять человека, который этих традиций не знает, не уважает и не собирается соблюдать. Помните также о том, что у вас как у туриста есть преимущество в сравнении с обычным местным жителем. К примеру, если случиться ДТП при участии туриста, то полиция будет на месте через пару минут. Если же это местные перевернули автобус или сбили местного, то полицейских можно ждать часами. Но не думайте, что это дает вам право как туристу совершать преступления. Старайтесь вести себя спокойно, не проявлять агрессию, не приставать к местным девушкам и парням. Жители Индии ценят сдержанное поведение, а соблюдение правил, пусть даже не совсем верное вызовет улыбку и положительное отношение.

Словарь понятий

Абхишека – буквальный перевод "омовение". Есть разные виды абхишеки, но всегда это обряд, связанный с поливанием или омыванием священного предмета (мурти или лингама). Используется вода, молоко и другие вкусные и не очень жидкости. Или мед.

Агори – один из видов монахов-отшельников в Индии. Агори позволено много вещей, которые запрещены обычным хинду. Например, поедание обугленных трупов прямо на шмашанах. Одна из целей жизни агори состоит в понимании глубокого сакрального смысла смерти и разрушения. И соединения с Богом, опьянение Им.

Баба – ударение на последний слог. БабА. Уважаемый человек. Используется в разговоре для выражения почтения к собеседнику. Также является составляющей частью имен в Индии. К примеру, Рудракш-баба. Или такая же приставка Джи в конце

Балалайка – по слухам, русский народный инструмент. Когда я был маленьким, то закончил музыкальную школу по классу домры, хотя хотелось бы конечно, в совершенстве владеть балалайкой. Говорят, что на балалайке играть проще, чем на гитаре. Это не правда, на них одинаково сложно играть.

Бенарес – одно из названий города Варанаси.

Брамин (брахман) – представитель касты в Индии. Брамины отличаются тем, что принадлежат к хранителям духовного наследия государства и народа. Как правило, это или служители в храмах, или священники и жрецы в нескольких поколениях. Кроме того, брамином может стать человек, преуспевший в толковании священных текстов и заслуживший авторитет в той или иной ветви религиозных учений Индии. Негласно брамины являются высшей кастой в Индии.

Брама (Брахма) – в пантеоне богов Индии один из самых важнейших богов. Именно он по слухам сотворил Вселенную. Сам Брама при этом был рожден из цветка лотоса. В мантрах Индии часто можно услышать имя супруги Брамы, Сарасвати.

Бхакти – преданный бога. Любой человек, который решил провести обряд принесения жертвы божеству. К примеру, положить фрукты к Шива-лингаму и полить его молоком. Совершив эти несложные действия, вы превращаетесь в бхакти. Как и прочитав мантру, впрочем.

Варна – один из принципов, глубоко уважаемых индусами прошлого и настоящего. Формирует мышление и поведение большей части индусов. По сути своей почитание прошлого, богов древности и предков с их устоями. Это и есть по сути своей каста как таковая.

Варанаси – святой город для последователей буддизма, джайнизма и многих других течений. Кроме того, в Варанаси значительная часть населения почитает Шиву. Считается одним из наиболее духовных мест в Индии, куда ежегодно совершают паломничество огромное количество людей со всего мира. Город находится в штате Уттар-Прадеш.

Вишну – как и во многих других случаях, значение бога Вишну имеет множество трактовок. Основная версия состоит в том, что Вишну один из трех главных богов пантеона в Индии. Как говорят, он охраняет мироздание.

Водка – если верить слухам, то это исконно русский напиток, который поголовно употребляется в России всеми её жителями. Когда русскому человеку надоедает танцевать с медведями и чистить снег, то он пьет водку. По непроверенной информации в КГБ также любят водку и пьют её в тех же количествах.

Владимир Заливако – русский турист, который стал известен в России и Индии после несчастного случая. После того, как он съел традиционное острое блюдо в закусочной, у туриста произошел разрыв желудка.

Ганга – древняя река, священная для индусов прошлого, настоящего и будущего. Жители Индии называют её "мать Ганга", и поклоняются ей как живому существу. Неудивительно, ведь им, как и всем людям планеты, надо где-то стирать, откуда-то пить и где-то мыться.

Гаутама – Сиддхартха Гаутама, он же Будда Шакьямуни. Основоположник учения о четырех благородных истинах, которое впоследствии стало высшим авторитетом среди буддистов всей планеты.

Гаятри – одна из самых известных мантр в Индии. Почитается многими религиозными культами и направлениями как священная. Гаятри посвящена большая статья в этой книге.

Готра – клан или целый род в Индии. Когда юноша хочет взять в жены девушку, считается нормальным проверить, из каких готр будущие супруги.

Гуру (Гуруджи) – в Индии и не только это человек, который является учителем в определенной сампрадайе. Передавая свои знания ученикам, он помогает им в их духовном развитии. Гуру должен делиться знаниями, передать своему ученику-бхакти мантру и во всем помогать ему постичь все секреты учения.

Гхат – набережная. Некое место у реки. Входит в состав множества географических названий, в том числе в названия ритуальных сооружений и шмашанов. К примеру, Маникарника-гхат.

Давиндерджит Бэинс – знаменитый врач-индус, за время своей работы в Великобритании изнасиловавший более ста мужчин, женщин и детей. Записывал свои действия на видеокамеру, вмонтированную в часы на руке.

Датта Фудж – он же золотой человек из Пимпри. Человек, который стал известен во всей Индии после того, как сделал заказ на золотую рубашку. Рубашка действительно состоит из множества золотых нитей и элементов и стоит достаточно дорого.

Джоти Сингх – девушка из Индии, которая подверглась жестокому групповому изнасилованию, после которого умерла в больнице от травм. Некоторые политические силы очень заинтересованы в том, чтобы она стала иконой и символом. Между тем жестокие групповые изнасилования происходят во многих странах мира и их жертвы остаются безымянными. И было бы нелепо даже на десяти подобных случаях выстраивать мнение о целом государстве. Как бы то ни было, но мне очень жаль эту девушку.

Джайны – монахи одной из религий, которая примечательна тем, отличается тем, что запрещает причинять вред любому живому существу. Как вы можете догадаться, это самые миролюбивые в мире и самые безобидные на свете люди. По всей видимости, они даже комаров на своей коже не убивают.

ДНК – дезоксирибонуклеиновая кислота. Одна из трех основных макромолекул, которые отвечают за наследование и передачу информации о биологическом виде в потомство. Прочитайте ещё раз название, замечательно звучит, правда?

Дикарь – страшное проклятие туристических фирм и посредников. Это человек, который не покупая никаких готовых туристических продуктов, не пользуясь услугами компаний сам берет билет и летит к черту на рога. Не знает, где остановится. Путешествует где хочет, спит где хочет и что хочет делает в рамках законов.

Дикша – название ритуала посвящения в духовную традицию.

Дурга – одна из страшных и очень воинственных форм супруги Шивы. Это энергия Шивы для сражений, побед и наказания врагам. Создана Шивой как противовес для плохого, дурного и вредного. Изображается часто верхом на тигре.

Дхарма – в Индии это комплекс понятий и устоев, благодаря которым жители Индии живут так, как живут. Типа "божьего промысла", понятие не переводимо на русский.

Йони – изображение в виде мурти божественного женского начала или просто влагалища женщины. Йони, как правило, это изображение супруги Шивы в какой-либо её ипостаси.

Кали – одна из самых страшных богинь в Индии, темная сторона супруги Шивы, Парвати. Это жена Шивы в очень плохом настроении, которая крушит и ломает все вокруг. Между тем если вы начнете думать над смыслами Кали, то можете открыть для себя множество сюрпризов.

Карма – один из законов в Индии, который формулируется очень просто. Если ты посвятил свою жизнь глупостям и злу, то нечего удивляться своей плохой судьбе. При этом речь идет не только об этой физической жизни, но и о предыдущих воплощениях человека. Нередко неудачи в этой жизни объясняются плохой кармой прошлой жизни. Как говорится, судьба-злодейка.

Кама-сутра – один из священных текстов Индии, за авторством человека по имени Малланага Ватсьяяна. Значительная часть этого повествования посвящена вопросам любви, получения удовольствия от секса и наставлениям о правильном создании отношений между мужем и женой. Рекомендую вам прочесть этот трактат. Вы не поверите, как с тех пор мало изменилось в отношениях мужчины и женщины.

Каула – одна из религиозных тантрических традиций. Известна широким использованием в своих обрядах половых актов в различной форме.

Кашьяпа – наименование одной из самых древних и авторитетных готр Индии.

Каши – одно из названий города Варанаси.

КГБ – комитет государственной госбезопасности. Могущественная организация, существовавшая во времена Советского Союза. В России в своем прошлом виде не существует, хотя многие люди, которые раньше работали в КГБ, продолжают служить родине в других, не менее серьезных организациях. К примеру, президент России Владимир Путин начинал свою карьеру именно в КГБ.

Королевское сожжение – один из самых дорогих способов сожжения мертвого тела. Отличается особым пафосом во время ритуала, а также включением в дрова сандала. В огонь также добавляются специи и вещества, которые позволяют отбить запах горелого мяса. За правильным уровнем пламени очень аккуратно следит специальный человек. Кроме этого служители во время процесса горения тщательно следят за тем, чтобы костный мозг не взрывался, разбрызгиваясь вокруг.

Кундалини – энергия космоса, пронизывающая все живое. Своеобразное дыхание божества, дающее жизнь всему вокруг. Часто изображается в форме свастики. После того, как символ кундалини взял в символику Третьего Рейха Адольф Гитлер, свастика стала ошибочно считаться нацистским символом. Кундалини бога Шивы – его супруга Парвати, она же его энергия.

Лингам – один из самых главных символов поклонения богу Шиве. Внешне напоминает мужской половой орган во время эрекции. Является мурти Шивы и по некоторым данным не отделим от Шивы. То есть по идее каждый лингам по сути своей суть Шива.

Лингаяты – последователи культа поклонения лингамам. На шее носят маленькие лингамы, на веревочке или нити.

Маникарника – один из шмашанов в Варанаси. Место для сожжения усопших хинду.

Мантра – процесс, во время которого человек должен правильно произнести некие звуки, составляющие огромную духовную значимость. Используются для поклонения различным типам божеств. В последние годы на Западе среди некоторых врачей появилось мнение, что мантры полезно произносить для здоровья, даже если вы не ставите целью поклонение божеству.

Махараджа – величественный правитель древности. Что-то вроде князя на древней Руси. Каждый новый махараджа считал своим долгом построить новый дворец и придумать пару-тройку новых законов. На сегодняшний день институт махараджей в Индии отсутствует, но в стране очень много потомков махараджей, которые тоскуют порой по утраченному величию и власти.

Менди (мехенди) – роспись по телу хной. Зародилась как традиционный индийский вид росписи по телу. Теперь очень популярна на Западе.

Мокша – просветление, особое состояние которое достигает преданный Богу. Считается, что в этом состоянии служитель не накапливает совершенно никакой кармы, ни хорошей, ни плохой.

Мурти – визуализированный и проявленный в физическом мире атрибут какого-либо божества и символ религии. Для русских – икона и крест, для индусов – лингам и йони, или статуетка Божества. Если вы веруете в Летающего Макаронного Монстра, то ваш мурти это макароны и фрикадельки.

Намастэ – буквально переводится как "кланяюсь тебе". Одно из самых уважительных приветствий в Индии.

Нью-Дели – столица Индии.

Ом – один из наиболее древних слогов мира, который входит практически во все существующие мантры. Существуют тысячи вариантов перевода этого сочетания звуков, но, на мой взгляд, вам достаточно произнести его вслух, и вам не понадобится никакой перевод. Вы итак все поймете.

Ортодоксальный – ярко выраженный. Иногда даже слишком ярко, до гротеска и нелепости. Часто слово ортодоксальный используется как синоним слова "консервативный", то есть не изменяющийся динамически в современных условиях, затухающий, загнивающий. Но чаще используется смысл, похожий на слово "классический". То есть ортодоксальный шиваит имеет все классические атрибуты своего религиозного учения и ведет себя классическим образом.

Пандит – священнослужитель в Индии или ученый.

Парвати – божественная сущность женской природы, одна из ипостасей супруги бога Шивы.

Покоры – один из видов приготовления овощей в Индии.

Пуджа – чтобы вы не запутались сразу, скажу что абхишека это одна из видов пуджи. Это когда вы решили проявить почтение божеству, прочитав молитву, мантру, положив цветы к мурти какого-либо бога. Не следует также путать пуджу с дикшей. Это есть БОГОСЛУЖЕНИЕ, ритуал.

Рупия – денежная единица Индии. Последнее время рупия стремительно дешевеет, что не может не радовать туристов. Они-то с долларами приезжают в Индию, а доллар растет в цене.

Савитри (Савитур) – божество солнца в Индии. По некоторым данным это божество имеет отношение к небу, свету и солнцу. В мантре Гаятри содержится обращение к этому божеству.

Садду (садху) – представитель касты в Индии. Для садду характерно отрешение от всего земного, служение божеству, паломничество. Живут благодаря подаяниям. Среди садду немало преступников, которые отмаливают свои грехи и начинают таким образом новую жизнь.

Сампрадайя – это тот духовный путь, которому решает следовать человек. Фактически это его вера, почитание какого из богов он решил выбрать для себя. После получения обряда дикши человек следует по определенному пути сампрадайи. Это традиция, ветка учения.

Сати – одно из имен супруги бога Шивы. Кроме того это одно из самых популярных имен для девочек в Индии. Как в России "Маша".

Сарнатх – один из пригородов Варанаси. По слухам именно в Сарнатхе Будда Шакьямуни повернул свое "колесо учения". Перед ним во время его первой проповеди были его первые пять учеников. Теперь это место почитается всеми буддистами мира.

Секс – вы что, действительно не знаете, что такое секс? Так спросите у друзей, они вам расскажут. Если друзья тоже не знают, спросите у ваших родителей, вы же как-то появились на свет, верно?

Табу – безусловный запрет на что либо, идущий из религиозных или социальных механизмов народа или группы люди. Табу характеризуется тем, что человек на неосознанном уровне избегает каких-то действий или мыслей просто потому, что так не принято. При этом часто бывает так, что если сознательно осмыслить некоторые табу общества или социальной группы, то запреты распадаются и не соблюдаются.

Тантра – религиозное учение в Индии, имеющее огромное влияние на современные взгляды индусов. Среди основных отличий этой ветви религии можно отметить, что среди тантрических обрядов значительную часть занимают телесные практики, в том числе обряды сексуального характера.

Тилака – рисунок на лбу глиной, пеплом или другим веществом. Является одним из атрибутов религии в Индии. В зависимости от принадлежности к религиозному учению тилака может быть разных цветов, формы.

Упачара – ритуал, в ходе которого происходит представление Божеству некоего человека.

Хануман —похожее на обезьяну Божество, которому посвящено немало священных текстов в Индии. Очень уважаемая личность.

Хинду – правильное название индуистов, себя они называют именно так. В современной России до сих пор используется неверное слово "индус", которое осталось со времен Советского Союза.

Холера – болезнь, вызываемая так называемым холерным вибрионом. Как правило, поражает человека, который пренебрег правилами гигиены или употреблял грязные продукты и воду. В современном мире практически побеждена, не считая стран Азии и тропиков в особо бедных государствах.

Харисчандра – также место для сожжения тел умерших на берегу Ганги.

Хэш – курительная смесь или местная конопля, которую часто пытаются продать туристам в Индии. Обладает мощным галлюциногенным эффектом, и часто используется как прелюдия для ограбления. Турист под действием хэша полностью беспомощен и невменяем, чем пользуются преступники. Кроме того известны случаи летального исхода и сумасшествия после приема этого наркотика. Никогда не покупайте и не курите эту дрянь!

Чамунда – одна из наиболее страшных и злобных сторон супруги Шивы. Вышла из лба Дурги для того, чтобы одержать победу над демонами Чандой и Мундой. Одна из немногих богинь, которой приносились человеческие жертвы.

Шактипат – особое ощущение единения с богом, высоким духовным началом. Характеризуется неким состоянием просветления, новыми смыслами прежних вещей. Божья благодать, как говорится.

Шива – по некоторым данным поклонение богу Шиве (Рудре) является одной из ныне существующих самых древних религий. Условно можно обозначить Шиву как одного из самых главных богов пантеона. Кто-то полагает, что Шива это бог разрушения. Но в некоторых ветках религиозных учений он является самым главным, и созидающим и разрушающим богом.

Шмашан – место для ритуального сожжения покойников в ряде городов Индии. Как правило, обладает собственной инфраструктурой, с полного одобрения местных властей. Трупы людей на шмашанах жгут с утра до вечера, пугая приезжих запахами и дымом. Шмашаны являются важным элементом культуры и религии взгляда жителей Индии.

Эпилог. Признание в любви

Мне по-прежнему приходится очень много ездить по миру, занимаясь своей работой. И как это ни странно, но меня такое положение вещей в целом устраивает. В своих бытовых занятиях меня часто утешает мысль, что уже скоро я снова поеду в Варанаси, и всё будет как раньше. Буду по утрам просыпаться под говор хинду под окнами, а вечером рисовать буквы санскрита на бумаге перед сном. Было бы достаточно тяжело жить, если бы не было возможности мечтать обо всём этом. Я успел полюбить и Гангу, и эти древние города, в которых по-прежнему кое-где можно встретить действительно по-настоящему святых людей. По этой или по другой причине мои мантры звучат так мощно именно сейчас? Я уже соскучился по индийским улицам и магазинам, по молитвам и медитациям на шмашанах. Одно только греет, что рано или поздно я снова окажусь там, и всё будет хорошо.

Очень отчётливо я помню тот день, когда я впервые ступил на землю Бхарат, шагнув из самолета. То самое ощущение, которое не сравнить ни с чем, не покидает меня и по сей день. Оно стало частью меня, чем-то настолько привычным, что я порой думаю, как я мог жить раньше? Все эти бесчисленные восходы и закаты в Индии, которые мне удалось наблюдать, что-то сделали с моей душой. Но что? Если бы я смог понять это и выразить словами, я сам бы уже преподавал в индийском университете. Как часто я удивлялся этому странному феномену, что душе русского человека может что-то дать Индия с её культурой и её обычаями. И правильно ли это, что я нашёл так много здесь, среди всех этих старых камней и запаха специй уличных кафе? Почему я здесь, на улицах Каши чувствую себя уютнее, чем в Москве с её вечной суетой и толкотнёй, с её заторами на дорогах и вечными хмурыми лицами повсюду? Как объяснить встречному индусу, насколько он мне стал ближе, чем оставшиеся в России люди? И чья в этом вина? Разве кто-то виноват в том, что меня мотает по свету до сих пор, и в Европу, и в Азию, а вспоминаются по утрам эти вот коровы на главных улицах Дели, желтая вода из окна отеля в Варанаси. Мне и до сих пор мерещатся среди медитирующих на берегу Ганги стариков древние боги, которые создали это место из света звезд. Как знать, может быть тот незнакомый белобородый старик окажется одной из карнаций древнего мудреца? Что мне делать там, где нет тебя, Каши? Если что бы я не делал, куда бы я ни шел, я все равно возвращаюсь сюда и с успокоением засыпаю в твоих осыпающихся стенах. Я бы остался здесь навсегда, несмотря на священный трепет перед тобой, перед твоей мудростью и вечными мантрами в твоих храмах. Но где-то внутри я понимаю, что я итак всегда с тобой, где бы я ни был. В какой бы я ни был стране, в каком бы я ни был положении, я всегда с тобой, Бенарес.

Я бы не стал заниматься тем, чем мне заниматься не следовало бы. Так подумал я когда-то и решил стать более здоровым человеком.

Что такое воля, я теперь понимаю очень хорошо. Она нераздельно связана не просто с религией, а с верой. Йога успокоила меня и дала надежду на дальнейшую жизнь. А чтение мантр стало мне помогать не просто справляться с некоторыми стрессами. Мантры открыли мне новый мир, в котором я до сих пор живу. Это мир здорового образа жизни и осознанного выбора в сторону своих целей. Чтение мантр успокаивает и настраивает сознание на лучше вещи в жизни, которые только я мог знать. Мантры настраивают меня своими вибрациями на верный путь, которым я следую в самом себе и вне себя. Каждый из нас слышит что-то свое в звуке "Ом", и этот звук звучит в каждом из нас с рождения. Разве не замечательно, что все чувствуют его вибрацию, но почему немногие понимают, как именно он действует? Это загадка.

Давно уже канули в прошлое те дни, когда я чувствовал себя несмышленым туристом, впервые ступившим на берег Ганги. С тех пор уже прошло немало времени, и мне уже не впервой, когда вдруг неожиданно в России ко мне подкатывает желание поскорее бросить все и уехать сюда, где текут эти желтоватые воды. Мне не всегда хватало слов, чтобы описать всё это величие и великолепие простоты несущей свои воды Ганги. Но, наверное, и не нужны никакие слова, ведь у каждого эта река своя. Это наверняка так, потому что это река, на которой можно повстречать и мертвых, и живых. Я люблю гулять по ней и днем, когда здесь полно людей, играют дети и бродят коровы. И утром, когда начинается всеобщая стирка, и огибая паломников и молящихся индусов, разглядывать всю эту красоту, из раза в раз наслаждаясь всем этим.

Ночь прекрасна, если это ночь, проведенная на Ганге. Это первобытное состояние, обаяние которого кладет на лопатки любого туриста - живая текущая вода в сочетании с живым повсюду пылающим огнем... Это уже давно наверное, мой дом, все эти места.

Содержание

Обращение к читателю	2
Пролог	4
О сексе в Индии	7
Мой дорогой Бенарес!	13
Мистерия Шива-лингама	17
Тайные правители Индии – агори	20
Нью-Дели: взгляд со стороны	24
Храм не для всех	28
Индус не боится смерти	33
О кострах прощания	36
Такие сильные, слабые женщины Индии	39
Божественный Сарнатх	43
О символах веры Индии	46
Дурга-мантра в тантрических учениях Индии	53
Как я получил дикшу в Индии	57
Гаятри Мантра в индийских храмах	61
Кому нужна бедная и униженная Индия?	65
Дикарь в поезде	68
О пользе холеры	71
Кастовость в современной Индии	74
Короткая история 1. О торговле младенцами в Индии	77
Короткая история 2. Как ростовщик стал золотым мужчиной из Пимпри ...	78
Короткая история 3. Проститутки поневоле: бизнес на дочерях и внучках..	80
Короткая история 4. Индийская кухня на примере Владимира Заливако ...	83
Короткая история 5. Доктор-индус насиловал англичанок	85
Короткая история 6. Про аэропорт имени Индиры Ганди в Дели	88

Короткая история 7. О такси в Индии и дорогах вообще …………………... 89
Короткая история 8. Индийская роспись по телу входит в моду на Западе.. 91
Короткая история 9. Как правильно вести себя в Индии …………………. 93
Словарь понятий ……………………………………………………………. 96
Эпилог. Признание в любви ……………………………………………….. 107

i want morebooks!

Покупайте Ваши книги быстро и без посредников он-лайн – в одном из самых быстрорастущих книжных он-лайн магазинов! окружающей среде благодаря технологии Печати-на-Заказ.

Покупайте Ваши книги на
www.more-books.ru

Buy your books fast and straightforward online - at one of world's fastest growing online book stores! Environmentally sound due to Print-on-Demand technologies.

Buy your books online at
www.get-morebooks.com

VDM Verlagsservicegesellschaft mbH
Heinrich-Böcking-Str. 6-8   Telefon: +49 681 3720 174   info@vdm-vsg.de
D - 66121 Saarbrücken   Telefax: +49 681 3720 1749 www.vdm-vsg.de

Printed by Books on Demand GmbH, Norderstedt / Germany